# DE SOMBRAS Y FANTASMAS

JOSÉ CARLOS VELA BUENO

# DE SOMBRAS Y FANTASMAS

## Una reflexión sobre las sombras y los fantasmas a partir de *El Sur* de Adelaida García Morales y de la versión fílmica de Víctor Erice

Ediciones Universidad
Salamanca

PASO DE MANIVELA
2



1ª edición: noviembre, 2025

ISBN: 978-84-1091-160-4 (impreso)
ISBN: 978-84-1091-161-1 (pdf)

Depósito Legal: S 461-2025

Ediciones Universidad de Salamanca
Plaza San Benito s/n
E-37002 Salamanca (España)
www.eusal.es
eus@usal.es

Motivo de cubierta:
Fotograma de la película *El Sur*

Maquetación:
Intergraf

Impresión y encuadernación:
Nueva Graficesa



VELA BUENO, José Carlos, 1959-, autor
De sombras y fantasmas : una reflexión sobre las sombras y los fantasmas a partir de «El Sur» de Adelaida García Morales y de la versión fílmica de Víctor Erice / José Carlos Vela Bueno.
—1ª edición: noviembre, 2025.— Salamanca : Ediciones Universidad de Salamanca, [2025]
208 páginas.—(Paso de manivela ; 2)
DL S 461-2025.—ISBN 978-84-1091-160-4 (impreso).—
ISBN 978-84-1091-161-1 (pdf)
1. García Morales, Adelaida, 1945-2014. El Sur-Crítica e interpretación.
2. El sur (Película cinematográfica). 3. Erice, Victor, 1940- - Crítica e interpretación.
821.134.2 García Morales, Adelaida 7 El sur.07
791 El Sur
791 Erice, Victor

# Índice

# I
# Introducción

Lo que sigue no constituye una introducción típica, sino una explicación del título de este libro. En este texto reflexiono sobre dos términos –la sombra y el fantasma– que pueden considerarse sinónimos y mutuamente intercambiables. Para hacer esta reflexión más tangible, la he organizado en torno a dos obras que me conmueven especialmente, en las que las sombras y la fantasmagoría enriquecen la belleza de ambas. Se trata del relato *El Sur* de Adelaida García Morales y de la película homónima dirigida por Víctor Erice.

La película *El Sur* se estrenó en 1983, dos años antes de la publicación del relato de García Morales en 1985. Esto sugiere que la novela fue editada en parte gracias al interés generado por la adaptación cinematográfica. Sin embargo, no sabemos si el texto que leemos en la edición de Anagrama de 1985 es el mismo que leyó Erice antes de escribir el guion de la película.

Este detalle no afecta al tipo de análisis que he utilizado en este libro. Es cierto que, en algún momento he aprovechado el análisis narratológico de las versiones cinematográficas de la literatura, siguiendo especialmente las teorías de Seymour Chatman; pero ello ha tenido una importancia secundaria. Más que hablar de cómo un texto se cuenta a través de otro, he puesto textos en diálogo sin dar demasiada importancia al orden de su aparición. Lo que me interesa es cómo dos textos distintos, al ser puestos el uno frente al otro, nos revelan más de lo que nos dirían al ser vistos de forma aislada; se hacen más tangibles.

En las siguientes páginas, dos significantes distintos –«sombra» y «fantasma»– se esclarecen mutuamente al ser contemplados en conjunto. Esta interacción dialógica no se limita únicamente a estas dos obras de García Morales y Erice; ambas encabezan una constelación de textos de diversa índole, reunidos en torno a las sombras, los fantasmas y su compañera, la melancolía.

Uso la palabra «constelación» porque las imágenes que vemos en las estrellas varían mucho dependiendo de quién las mire y desde dónde las mire. Lo mismo sucede con el diálogo de textos: la riqueza del mismo depende de la selección, de quién haga dicha selección y en qué contexto se encuentre. No hay un número certero y cerrado de textos que pueda entrar en tal diálogo.

Pero también me gusta la palabra «constelación» porque supone un dibujo sin un origen ni un final, sin causa y efecto, sin centro ni suplemento. Si nos imaginamos un toro dibujado por un grupo de estrellas, no nos importa establecer cuál de ellas fue creada primero ni su influencia sobre las demás. Cualquiera de esas estrellas puede ser parte de otro dibujo que otras personas, u otras culturas, puedan ver en el firmamento.

Así, he dispuesto los textos en diálogo sin importarme establecer causalidades, influencias ni cronología, y sin una conciencia de que un número cerrado de ellos aborde el tema sobre el que trabajo. He elegido una constelación a sabiendas de que podría haber otra.

Se ha establecido en este libro un diálogo en el que no he respetado la historicidad entendida como ordenación temporal lineal. Aquí, el lector encontrará textos que van desde la tragedia griega hasta nuestros poetas (Bécquer, Machado), pasando por las obras de Hölderlin o de Caravaggio, y con la asistencia de pensadores tan dispares como Jung o Derrida. Textos muy distintos, de distintos tiempos, pero que conllevan la posibilidad de dialogar unos con otros en torno a lo evanescente.

El libro se estructura en cuatro partes: en primer lugar, una reflexión sobre los términos «fantasma» y «sombra»; en segundo lugar, un análisis de lo espectral en torno al texto de García Morales; en tercer lugar, una exploración de la melancolía en dicha novela corta; y finalmente, una reflexión similar sobre sombras, fantasmas y melancolía en *El Sur* de Erice. En todos los casos, sitúo la novela y el filme en constelaciones de otros textos, principalmente hispánicos.

Concluyo con una digresión acerca de los usos de la teoría en las páginas que siguen. El modelo académico más frecuentemente seguido para aplicar la teoría al análisis de textos literarios y fílmicos conlleva una previa exposición del pensamiento del intelectual cuyas ideas se toman como marco para dicho estudio. Esto presupone, por parte del profesor o estudiante que lleva a cabo tal análisis textual, comprensión e identificación con las opiniones del pensador cuyas ideas se esgrimen. Sin embargo, cabe otro uso de la teoría que no conlleve necesariamente la exégesis e implícita apología del texto de partida, sino que se base en la inspiración.

Cuando hablo de inspiración, no me refiero a recibir una iluminación de las musas o de la interioridad creativa, sino a un estímulo intelectual recibido a través de una lectura.

Hay textos que nos incitan a ilustrarnos mejor y de forma distinta, sin que eso signifique una identificación total o parcial con su contenido. Al decir que nos inspiramos en alguien, no nos arrogamos un conocimiento absoluto del original. Supone que la lectura nos insufla ideas, pero no nos da un todo coherente que debemos seguir y aplicar en su integridad.

Esto me sucede con la lectura de Carl Jung (y podría decir lo mismo de otros teóricos que aparecen en este libro): no coincido con muchas de las bases que sustentan su pensamiento –por ejemplo, el concepto de inconsciente colectivo–; tampoco estoy de acuerdo con varias afirmaciones que él y, sobre todo, algunos de sus seguidores hicieron en materia de género; ni comparto sus interpretaciones sobre la historia. Sin embargo, la lectura de Jung ha sido profundamente inspiradora para mí, especialmente en lo que respecta a su concepto del arquetipo de la sombra. Aunque no comparto todas sus ideas, su enfoque simbólico ha enriquecido mi comprensión de la psique humana.

En la psicología analítica de Jung, la sombra representa los aspectos de la personalidad que el yo consciente no reconoce como propios. Estos elementos, a menudo reprimidos o ignorados, conforman una parte esencial de nuestra psique, y su integración es fundamental para el desarrollo emocional. Este concepto de la sombra, como arquetipo que encarna lo no reconocido o aceptado de uno mismo, ha sido una fuente constante de reflexión e inspiración en el análisis de los textos que sigue.

# II
# Una previa digresión sobre arquetipos

Umberto Eco se preguntaba en un artículo publicado en 1975 sobre la admiración que tantos años después de su estreno seguía generando *Casablanca* en espectadores de distintas edades. Se lo preguntaba no solo por el tiempo pasado desde su rodaje, sino porque la consideraba una película con carencias, entre otras, de guion. En *Casablanca* encuentra el semiótico italiano defectos en la escritura (el guion fue escrito con improvisaciones durante el rodaje), y llega inclusive a calificar este filme como fotonovela. Entiende Eco que la fascinación que produce la película de Curtiz en distintas generaciones se debe a «situaciones que han presidido las historias de todos los tiempos» (1999: 218) tales como el amor desgraciado, la fuga, la espera y el sacrificio. Para enfatizar la recurrencia de esos aspectos perdurables en esta obra llega Eco a hablar de «Arquetipos Eternos» (218).

Algo similar me sucede con un filme muy distinto al protagonizado por Bogart e Ingrid Bergman: *El Sur* de Víctor Erice, una obra en la que encuentro algunos pasajes que me molestan por cierta cursilería (probablemente heredada de

*Le fleuve* de Renoir); pienso, sobre todo, en las secuencias que preceden a la Primera Comunión de la niña. El propio director quedó profundamente desencantado con su película, pues, debido a una decisión del productor, Elías Querejeta, solo pudo rodar la parte que se localiza en el Norte, hasta la muerte del personaje del padre, dejando sin hacer una mitad de la obra que se hubiese debido desarrollar en Sevilla. Algo que hubiese sido importante porque habría supuesto estéticamente un opuesto luminoso y cálido a la frialdad septentrional. Sin embargo, a pesar de estas evidencias, la película tiene imágenes que resultan inolvidables: momentos conmovedores en la expresión de emociones de largo alcance temporal y geográfico; me refiero a ese mundo emocional que surge de lo más profundo de la oscura caverna: el de los conflictos familiares que aparece en las tragedias griegas, el de los misterios de los ciclos de la naturaleza, de la interacción de la vida y la muerte, de la luz y la sombra.

Las imágenes de Erice y de García Morales, son imágenes que dejan huella, son de ese tipo de imágenes que, usando palabras de Bachelard al referirse al agua, «marcan para siempre el inconsciente que gusta de ellas y suscitan ensoñaciones sin fin» (2002: 27). Podríamos hablar como Eco de arquetipos, pero es un término hacia el que tengo ciertos reparos que me llevan a hacer una serie de observaciones claramente relacionadas con el contenido de este libro. El concepto de arquetipo puede implicar un dominio ontológico caracterizado por la estabilidad e inmutabilidad, desde el cual se derivan las manifestaciones cambiantes; sin embargo, esta concepción dualista entre lo inmutable y lo mutable plantea interrogantes. El arquetipo puede conducir hacia un territorio de total estabilidad e inmutabilidad del que se deriva lo cambiante y tal dualismo entre lo que pasa y lo que queda es lo que me hace tener reparos hacia dicho término.

Tengo ciertas reservas respecto al término «arquetipo» porque, en su origen, implica una visión dualista que separa lo espiritual y perfecto (el arquetipo mismo) de su manifestación en la realidad material, creando una distinción entre lo puro y lo contaminado, entre la verdad y su sombra.

Aunque Jung no aplicó directamente esta cosmovisión, su concepción de la psique, en la que un arquetipo del inconsciente colectivo da lugar a diversas narraciones que comparten la base atemporal de dicho arquetipo, sugiere que, para explicar ciertos fenómenos psicológicos, se otorga más valor a lo inmutable que a los cambiantes textos que lo expresan.

En las siguientes líneas, realizaré una digresión cautelosa. No pretendo negar el enorme valor de las ideas de Jung, ni aplicarles adjetivos simplistas.

La teoría del inconsciente colectivo sostiene que este se constituye por contenidos psíquicos básicos y universales, compartidos por toda la especie humana. Mitos, leyendas y otras narrativas son expresiones de estos contenidos, moldeadas por las circunstancias históricas. Los arquetipos permanecen constantes, pero se relatan de diferentes maneras, con distintos nombres y personajes, en diversas mitologías.

Según esta teoría, los mitos no son los arquetipos en sí, sino relatos que se construyen a partir de ellos. Por ejemplo, el «viejo sabio» que guía y aporta luz en la oscuridad aparece en muchas historias, aunque con diferentes formas. Recordemos a Yoda o a Obi-Wan Kenobi en *La guerra de las galaxias*, al sabio maestro de la serie *Kung Fu* de los años 70, a Merlín en el pasado medieval y en el cine contemporáneo, y al viejo ciego, antiguo rey de Tebas, que en su ceguera ve lo profundo y no lo superficial, en *Edipo en Colono* de Sófocles. El modelo universal, el viejo sabio, es lo esencial; lo suplementario es la narración en la que se inserta, ya sea una tragedia griega o una superproducción de Hollywood.

Según Jung, el arquetipo «designa contenidos psíquicos no sometidos aún a elaboración consciente alguna» (1970: 11). Estas elaboraciones conscientes, entre las cuales se encuentran los mitos, nos dan expresiones arquetípicas, pero no arquetipos en sí. Los arquetipos no son «representaciones heredadas», sino «posibilidades de representaciones» (1970: 62). El conjunto de los arquetipos conforma el inconsciente colectivo, que es la estructura de esa psique que es «matriz y condición previa de la conciencia» (1970: 18).

En esta teoría, existen formas puras (elementos estructurantes), de las que las narraciones son superestructuras, desviaciones, agregados de verdades profundas, que son los verdaderos factores, las causas últimas.

Veamos el lenguaje que utiliza Jung para describir el arquetipo del ánima:

> El ánima no es el alma del dogma, no es una ánima *rationalis*, porque ese es un concepto filosófico y el ánima es un arquetipo natural que subsume de modo satisfactorio todas las manifestaciones de lo inconsciente, del espíritu primitivo, de la historia de la religión y del lenguaje. Es un factor en el sentido propio de la palabra. No es posible crearla, sino que es el a priori de los estados de ánimo, reacciones, impulsos y de todo aquello que es espontáneo en la vida psíquica (1970: 33).

El inconsciente colectivo y los arquetipos no se construyen: vienen dados por la herencia de la especie. Por tanto, son eternos, universales y apriorísticos, heredados con la estructura cerebral humana. Constituyen un prejuicio instintivo que está al margen de las interacciones propias de cualquier contexto histórico: «[...] los arquetipos no se difunden meramente por la tradición, el lenguaje o la migración, sino que pueden volver a surgir espontáneamente en toda época y lugar sin ser influidos por ninguna transmisión exterior» (1970: 73). Por otra parte, son esencias del alma no individual que proceden de nuestra propia biología:

> Hoy en día tenemos que partir de la hipótesis de que el hombre no es una excepción entre las criaturas en tanto, quiérase o no, posee como todo animal una psique preformada, propia de su especie y que presenta todavía, como lo muestra una observación rigurosa, claros rasgos de antecedentes familiares» (1970: 73).

Nos encontramos ante una dualidad metafísica estructurada en torno a un centro y un margen, donde el centro está constituido por lo preverbal, aquello que emana del inconsciente colectivo, mientras que el margen corresponde a lo narrativo, lo derivado, es decir, a una forma de expresión que jamás logra materializar plenamente el principio arquetípico en su pureza original. En esta configuración, uno de los términos –el arquetipo– mantiene una posición de supremacía respecto del otro –el relato–, estableciendo así una jerarquía radical entre ambos.

Una tendencia profundamente arraigada en el pensamiento occidental es la priorización de lo estable e ideal sobre lo perecedero y material. La deconstrucción de tales polaridades jerarquizadas constituyó una de las labores filosóficas de Jacques Derrida, quien, por ejemplo, identificó una de estas dualidades en la célebre distinción saussureana entre significado y significante. Según el fundador de la deconstrucción, esta distinción también puede rastrearse en la fenomenología de Edmund Husserl. En la cita que se presenta a continuación, y de acuerdo con el análisis derridiano, Husserl privilegia el aspecto espiritual del lenguaje –el significado– sobre su dimensión sensible o carnal –el significante–, lo que pone de manifiesto una subordinación estructural del cuerpo frente a la idea:

> Esta capa del sentido o del significado pre-lingüistico (pre-expresivo, dice Husserl) cuya presencia podría pensarse fuera y antes del trabajo de la *difference*, fuera y antes del proceso o del sistema de la significación. Esta vendría a poner al día el sentido, a traducirlo, transportarlo, comunicarlo, encarnarlo, expresarlo, etcétera. Semejante sentido –qué es entonces, en ambos casos, el sentido fenomenológico, y en última instancia todo aquello que se presenta naturalmente a la conciencia en la intuición perceptiva– no estaría en principio en posición de significante, inscrito en el sentido relacional y diferencial que haría de él una apostilla, una huella, un grama, un espaciamiento (2014: 53-54).

Al aplicar estas consideraciones a la teoría del inconsciente colectivo, el arquetipo puede concebirse como una entidad prelingüística y presemiótica, no sujeta al juego de la *différance*, es decir, ajena a la interrelación contextual y a los deslizamientos de la diferencia. En contraste, los relatos que materializan y comunican dichos arquetipos, como mitos y cuentos de hadas, se inscriben en el ámbito de lo contextual, lo relacional y lo diferencial; por consiguiente, están sujetos a la permutabilidad. Al modificarse el contexto, los textos también cambian, pues no pueden sustraerse a la movilidad inherente a toda situación discursiva. En consecuencia, ningún término en tales relatos conserva una identidad estable o fija.

Mi principal distanciamiento (distanciamiento, no crítica o rechazo) hacia este aspecto de la teoría jungiana procede, sobre todo de su dualismo metafísico. Sin embargo, esto no implica que la obra de Jung constituya un corpus dualista.

Aceptar plenamente la teoría del inconsciente colectivo implicaría afirmar que existen determinados contenidos primarios, vinculados a lo biológico, que son absolutamente inmutables, sin importar el contexto en el que se inserten. Esta idea me resulta difícil de aceptar, ya que convierte al inconsciente colectivo en un principio absoluto, algo que exige del lector un acto de fe. Sería como decir que existen entidades, factores psicológicos, arquetipos, que no varían con el contexto, que son iguales a sí mismos, y que son las formas externas, los mitos y otras narrativas, las que cambian con las circunstancias históricas. Esto establecería una infraestructura universal determinante.

Afirmar la teoría del inconsciente colectivo supone decir que hay ciertos contenidos primarios, próximos a lo biológico, que son inmutables, sin importar el contexto en el que sean situados. Sin embargo, esta proximidad al aspecto biológico no se basa únicamente en una perspectiva materialista. Detrás de esta sabiduría biológica subyace un soporte universal, una totalidad que trasciende lo puramente físico y nos conduce a lo metafísico. Jung sostiene que los símbolos religiosos, derivados de los arquetipos, dan «sentido a la vida» y que la vida misma, como una gran entidad originaria del sentido, es «la que produce emociones e ideas simbólicas» (1997: 83, 85, 87).

No obstante, tales objeciones no deberían, en modo alguno, conducirnos al error simplista de equiparar el universalismo de este psiquiatra con posiciones reaccionarias. Ciertas formas del universalismo de la primera mitad del siglo XX llamaron la atención sobre las expresiones escritas y orales de culturas no europeas y, por ello, supusieron una seria puesta en crisis de ciertos aspectos del eurocentrismo. Jung tuvo un papel muy importante en ello, pues afirmar que nuestro inconsciente individual nos remite a un inconsciente colectivo presupone una negación, a través de lo más profundo de la psique, de la desigualdad constitutiva entre distintos grupos humanos. Decir que todos soñamos, en lo profundo, las mismas cosas es una afirmación que puede contener simientes fuertemente antirracistas, una fuerte declaración de igualdad y de universalidad en un sentido no eurocéntrico.

Por otro lado, y por mucho que creamos en la continua permutabilidad histórica, tampoco podemos dejar de lado la idea de que hay mitos y obras de la literatura de otros tiempos que nos conmueven porque todavía interpelan nuestros sentimientos y conflictos emocionales más profundos. Muchos de estos mitos y obras literarias nos conectan con narrativas visionarias y oscuras que nos sumergen en el área nocturna, en el reino de lo inconsciente, donde existen zonas ocultas al ser humano que razona y que, al enfrentarlas, se oculta con espanto, refugiándose tras el escudo de la ciencia y la razón. El ser humano, especialmente el moderno, se defiende con la fe en el cosmos de la angustia nocturna del caos con la que nos conectan ciertas obras de arte.

Pero esto se puede afirmar sin recurrir a una teoría que absolutice las permanencias a través de una teoría del inconsciente colectivo. Por ejemplo, a lo largo de este libro mencionaremos en diversas ocasiones la melancolía tal y como fue ideada por Aristóteles y su enorme recorrido en la cultura occidental a lo largo de muchos siglos. La forma en que un europeo entiende la melancolía hoy en día tiene muchos puntos en común con la manera en que la entendió un griego en la antigüedad, pero esto no significa que su percepción sea idéntica a la de un griego de aquel entonces ni que sea expresión de un arquetipo universal que se haya dado en todas las culturas a lo largo de todos los tiempos.

Nos encontramos en un terreno ambiguo y difuso, donde las permanencias se entrelazan con las transformaciones, pero sin llegar a tomar la forma de identidades fijas o definidas. Es un espacio en el que lo que permanece no se presenta como algo inmutable, sino como una constante reconfiguración, un eco que se repite pero que nunca se reproduce de manera exacta. Las huellas de lo pasado se manifiestan en el presente, pero no como una reproducción idéntica, sino como una resonancia que se transforma al entrar en contacto con el tiempo y las circunstancias cambiantes. Este terreno es, por tanto, un espacio de coexistencia entre la continuidad y la diferencia, donde lo que persiste es, a su vez, algo que se reinventa y se adapta constantemente. Aquí, la identidad no es una estructura cerrada sino un proceso abierto, inacabado, siempre en devenir, donde lo antiguo no se conserva tal como era, sino que se encuentra en un estado de constante transformación.

Los conflictos de la tragedia, que también aparecerán cuando analicemos la novela de García Morales, son aquellos que se mantienen en el traumático y reducido círculo de padres y hermanos. Edipo, Electra o Medea todavía nos conmueven, nos interpelan, y no dejamos de reflexionar sobre ellos ni de versionarlos. Huellas de estos conflictos, intencionadas o no, las encontramos en obras de distinta índole en la producción artística de los últimos dos siglos. Sin embargo, esto no debe llevarnos a universalizar la forma de familia patriarcal griega en la que se desarrollan los conflictos de la tragedia, pues sabemos (y también podemos imaginar) que no es la única forma de agrupación familiar que ha existido ni que existirá a lo largo de la historia.

Por ser de tan amplio alcance tantos aspectos de *El Sur* en ambas versiones, su análisis necesariamente invoca otras obras (se trata de invocación, no de influencias). Es por ello que servirán en este libro para articular la mención de variadas obras de la cultura española de distintos tiempos. Así, el relato de García Morales y el filme de Erice, además de otros textos con los que aquí nos ocuparemos, se enfrentan a una serie de emociones de gran fuerza transhistórica, emociones y visiones del mundo que se remontan a textos remotos de diversas tradiciones y que, al mismo tiempo, provienen de vínculos primarios, tales como la relación con los miembros más inmediatos de la familia, la dificultad de ciertos sujetos para integrarse a la colectividad, la relación entre enfermedad y creatividad, además de los juegos de oposición y complementación entre lo oscuro y lo luminoso.

Intentaré, por tanto, en la medida en que lo permita la cárcel de nuestro lenguaje dualista, situarme más allá de las polaridades entre lo temporal y lo permanente, entre lo uno y lo diverso, entre lo construido y lo universal, entre lo sometido a contexto y lo ajeno al cambio.

En este ámbito de ambigüedad, uno de los significantes clave de este estudio es el fantasma, entendido como aquello que está y no está, como lo que nos visita desde el pasado sin estar físicamente presente en el aquí y ahora. Este concepto juega un papel central, ya que tiene un gran potencial para explorar los complejos juegos entre el cambio y la permanencia. El fantasma nos habla de lo que está y no está: de lo que parece ausente porque el presente ha creado un nuevo contexto, pero que sigue existiendo porque el pasado nunca se erradica por completo. Así, el fantasma se presenta como una figura que desafía las distinciones claras entre lo presente y lo ausente, entre lo que cambia y lo que permanece.

Sorprendentemente, el propio Marx tampoco estuvo ajeno a las pervivencias transhistóricas en las artes cuando escribió:

> Pero la dificultad no consiste en comprender que el arte griego y la epopeya están ligados a ciertas formas del desarrollo social. La dificultad estriba en comprender que puedan procurarnos aún goces estéticos y sean considerados de algún modo como norma y modelos inimitables (1998: 61).

## II
## Sobre fantasmas y sombras

El título de este libro está relacionado con la frecuencia de lo sombrío, tanto en el relato de Adelaida García Morales como en la película de Víctor Erice. El significante «sombra» aparece desde el inicio en el epígrafe tomado de Hölderlin que abre la novela corta: «¿Qué podemos amar que no sea una sombra?» (García Morales 1985). Este es un significante recurrente en *El Sur*, al igual que términos cercanos como «noche» u «oscuridad». En cuanto a la película, basta con señalar que muchas de sus secuencias exhiben un fuerte claroscuro de inspiración tenebrista, y que la oscuridad predomina en gran parte de su estética. Es precisamente en la importancia de la sombra en ambos textos donde me voy a centrar en las líneas que siguen. Tomaré el significado jungiano de la palabra «sombra», como lo oculto en el inconsciente, lo no reconocido, sin dejar de lado otras posibles connotaciones semánticas de este significante.

La sombra es lo que vemos y no tocamos, lo que está y no está, una imagen de otra cosa que no es reflejo exacto de ella. Ella misma es evanescencia y metáfora de la evanescencia de nuestra percepción del mundo, metáfora del fantasma (y el fantasma metáfora de la sombra), oscuridad fresca y espacio tenebroso, la otra cara del ser humano como el Mr. Hyde de Stevenson (o sea, el otro lado) y al mismo tiempo el lado más auténtico, que habla de los deseos, lo opuesto de la luz del conocimiento y, sin embargo, no hay iniciación sin descenso a lo oscuro.

Odiseo afirma en *Ayax* de Sófocles que «cuantos vivimos nada somos sino fantasmas o sombra vana» (1986: 133) estableciendo una asociación entre estos dos términos a los que vincula a la precariedad humana[1]. Si nos desplazamos a otro extremo en el tiempo, el joven Lorca establece en su obra humorística de juventud *Diálogos de Sombras* una analogía similar, pues las sombras son las almas de los muertos en espera de reencarnación, a dichas almas se les llama también espectro:

> ¡Sí que es triste! … Pues yo, amigo espectro, le digo francamente que estoy anonadado. ¡No entiendo nada de lo que pasa! Cada sombra que me encuentro cree una cosa distinta y tiene distinto modo de ser. ¡En el último descanso que tuvimos tropecé con un espectro que aún creía en Dios! (1994: 303).

En un coetáneo de Lorca, José Bergamín, encontramos una interesante asociación entre sombra, palabra y fantasma:

> A fuerza de decirlas tantas veces
> no queda en las palabras

1. En respuesta a Odiseo, Atenea dice lo siguiente en relación con la precariedad humana: «Por eso precisamente, viendo tales cosas, nunca digas tú mismo una palabra arrogante contra los dioses, ni te vanaglories si estás por encima de alguien, por la fuerza de tu brazo o por la importancia de tus riquezas. Que un solo día abate y, otra vez, eleva todas las cosas de los hombres» (133).

> más que el hueco sonoro de un silencio
> poblado de fantasmas.
>
> Un espectral reflejo,
> fugitivo como sombra de nube por el agua,
> y sin la voz ni el rostro que lo llene,
> el vacío de la máscara (1983: 256).

En el siglo XIX, Rosalía de Castro utiliza con frecuencia la palabra «sombra» para referirse a las ánimas de los muertos. Así, se lamenta de que su madre muerta pueda ser molestada por los fantasmas:

> ¡Ah! De dolientes sauces rodeada,
> de dura hierba y ásperas ortigas,
> ¿cuál serás, madre, en tu dormir turbada,
> por vagarosas sombras enemigas? (1993: 473).

Además, a pesar del lamento de la pérdida de su madre celebra que su espectro esté siempre con ella:

> No está mi casa desierta,
> no está desierta mi estancia…
> Madre mía…madre mía,
> ¡ay!, la que yo tanto amaba,
> que aunque no estás a mi lado
> y aunque tu voz no me llama,
> tu sombra sí, sí…tu sombra,
> ¡tu sombra siempre me aguarda! (1993: 473).

La sombra y el fantasma son evanescentes, como el humo, como el vaho, como el vapor, por ello Sófocles para enfatizar dicha evanescencia, para acentuar esta idea de lo que se esfuma, aparece y desaparece utiliza la expresión «sombra del humo»[2]. Dicha vinculación de la sombra a lo volátil y esquivo aparece con frecuencia en la poesía de Bécquer. En la *Rima xv*, el poeta emplea una serie de símiles que refuerzan esta idea:

> ¡Tú sombra aérea que, cuantas veces
> voy a tocarte, te desvaneces
> como la llama, como el sonido,
> como la niebla, como el gemido
> del lago azul! (1995: 124).

La sombra y el fantasma se acercan el uno al otro; son tropos recíprocos porque nos plantean un problema de ambigüedad. Sobre el fantasma, Derrida señala que no se sabe si está vivo o muerto, y por ello, para hablar de lo espectral, el filósofo franco-argelino desarrolla un amplio despliegue de paradojas. En *Espectros de Marx*, Derrida sugiere que en toda aparición espectral hay algo que ya ha desaparecido; así, plantea que la reaparición del espectro siempre conlleva una ausencia, una huella de lo que se ha ido (2006: 13)[3].

2. En la tragedia *Filoctetes*, el personaje homónimo dice: «Y a mí mismo quiere llevarme por la fuerza, como si hubiera prendido a un hombre vigoroso, sin darse cuenta de que ha destruido un cadáver, una sombra de humo, una mera apariencia» (Sófocles 1986: 477). En *Antígona*, un mensajero afirma: «Ahora todo ha desaparecido. Pues cuando los hombres renuncian a las satisfacciones, no tengo esto por vida: antes bien lo considero un cadáver que alienta. Hazte muy rico en tu casa, si quieres, y vive con el boato de un rey, pero si de ello está ausente el gozo, no le compraría yo a este hombre todo lo demás por la sombra del humo, en lugar de la alegría» (293).

3. Sobre esta ambigüedad inciden estas palabras de Derrida en *Espectros de Marx*: «As soon as no longer distinguishes spirit from specter, the former assumes a body, it incarnates itself, as spirit in the specter. Or rather, as Marx himself spells out, and we will get to this, the specter is

El ser y no ser del fantasma remite a nuestra imagen del mundo, o a nuestra imagen de las imágenes, a nuestros lenguajes. En la filosofía platónica, según Agamben, en su libro titulado, significativamente, *Estancias. La palabra y el fantasma en la cultura occidental*, la fantasía es un artista que dibuja en el alma imágenes partiendo de la información que le llegan de los sentidos; a estas imágenes producidas por ese artista interior es a lo que Aristóteles y los aristotélicos medievales llamarán fantasmas. Dicho de otra forma, el fantasma es el percepto o imagen construida. Es una construcción basada en un mundo ante el que nunca estamos en presencia, pero del que tampoco están ajenos nuestros sentidos; en ella el mundo está y no está. La mesa que veo es mesa y no lo es. Esas imágenes construidas son las que motivan nuestros deseos y a las que los artistas se refieren en sus obras de arte. Cuando en un cuadro rococó de Fragonard, junto a una escena de galanteo, vemos un sensual y frondoso árbol, no vemos la representación de un árbol en sí (digamos «real»), sino el derivado de un

---

a paradoxical incorporation, the becoming-body, a certain phenomenal and carnal form of the spirit. It becomes, rather, some «thing» that remains difficult to name: neither soul nor body, and both one and the other. For it is flesh and phenomenality that give to the spirit its spectral apparition, but which disappear right away in the apparition, in the very coming of the *revenant* or the return of the specter. There is something disappeared, departed in the apparition itself as reapparition of the departed. The spirit, the specter are not the same thing, and we will have to sharpen this difference, but as for what they have in common, one does not know what it is, what it is presently. It is something that one does not know, precisely, one does not know if precisely it is, if it exists, if it responds to a name, and corresponds to an essence. One does not know: not out of ignorance, but because this non-object, this non-present present, this being-there of an absent or departed one no longer belongs to knowledge. At least no longer to that which one thinks one knows by the name of knowledge. One does not know if it is living or if it is dead» (2006: 5-6).

percepto mental. Del mismo modo que el deseo vive entre perceptos y se nutre de esas imágenes creadas por la mente, o sea, de los fantasmas[4].

En relación con lo expuesto en el párrafo anterior, Schopenhauer, en su «Ensayo sobre la visión de fantasmas», destaca cómo no podemos establecer fronteras claras entre las visiones de fantasmas (entendidas en este caso como apariciones de muertos que regresan al mundo) y lo que se denomina el «mundo objetivo». Este carácter subjetivo atribuido a las visiones podría aplicarse también a nuestro «mundo exterior», ya que ambos son representaciones:

> Pero lo mismo se puede afirmar de nuestro mundo exterior real, ya que solo nos es dado directamente como representación y, como ya se ha dicho, no es más que un fenómeno cerebral provocado por la irritación nerviosa, surgido según las leyes de las funciones subjetivas (las formas de la sensibilidad pura y del entendimiento) (1998: 131).

Vivimos en un mundo de fantasmas, habitado por representaciones «surgidas de las funciones subjetivas», según la terminología de Schopenhauer. Es importante aclarar que, al referirme a «fantasmas», no estoy hablando de espectros de muertos que regresan al mundo, como el padre de Hamlet. Estos «fantasmas» reciben ese nombre precisamente por su naturaleza esquiva, ambigua y evanescente, similar a nuestros perceptos. La diferencia entre el «fantasma» y el «muerto» radica en que el primero carece de una ubicación definida;

4. En las páginas 1-66 de este libro trata Agamben la teoría medieval del fantasma y la fantasía, mientras que en las páginas 71-89 trata sobre la relación entre imagen, lenguaje y deseo en la tradición filosófica occidental.

se encuentra entre umbrales, entre la vida y la muerte. Por ello, se resiste a la ontologización, a la presencia y a la identificación, aunque intentemos forzar su inclusión en oposiciones correlacionales.

Es importante aclarar que, cuando en los siguientes párrafos me refiero al cine como «cosa de fantasmas», no estoy hablando del cine en el que aparecen espectros literales. Más bien, estoy aludiendo a la constitución de la imagen cinematográfica como una representación subjetiva, una «cosa» que se presenta ante nosotros como una construcción de la mente.

La imagen especular es un excelente ejemplo de lo fantasmático. Refleja los objetos tal como los percibimos visualmente, hasta el punto de que, en ocasiones, confundimos lo que vemos en el espejo con una realidad al otro lado de su superficie. A veces, incluso, nos sorprendemos al reconocernos en ese reflejo, creyendo por un instante que se trata de otra persona.

El espejo nos muestra una imagen que aparenta tener volumen y profundidad, aunque en realidad se trata de una superficie plana. Esto también ocurre en la pintura: un lienzo, una tabla o una pared pueden transmitirnos la sensación de un espacio tridimensional, como si viéramos a través de una ventana. Lo mismo sucede en el cine, donde la pantalla, a pesar de ser plana, nos presenta un mundo completo, con todos sus detalles.

Luego de la vista, interviene el tacto: es el sentido que nos proporciona la certeza de la corporeidad y nos acerca definitivamente al objeto. Sin embargo, en el espejo, en la pintura o en la pantalla, no hay cuerpo: dan imágenes bidimensionales, carentes de materia táctil.

Aun así, convivimos con esas imágenes en un juego doble. O más bien, participamos en su juego. Nos fascinan, nos inquietan, nos asombran. En definitiva, nos conmueven. Y lo hacen a pesar de que sabemos, con certeza, que no están realmente ahí. Están... y no están.

La imagen del cine, como la del espejo, está y no está. La vemos: es más directamente sensorial y contundente que la imagen literaria que posee un componente más mental (no entra por los ojos). Sin embargo, a pesar de esa contundencia, no tiene cuerpo. Generalmente, aquello que captamos con algunos de nuestros sentidos pero se niega a otros se vuelve fantasmagórico; se convierte en una espléndida metáfora de la vaguedad, de la sombra y del fantasma.

El cine apela a la vista y al oído, pero se niega al tacto, al olfato y al gusto. Todo lo anterior se complementa con esa visión del haz de luz que parte del proyector y enfatiza la inconsistencia de las imágenes que vemos en la pantalla.

El cine nos convoca a reconsiderar la complementariedad entre los significantes «fantasma» y «sombra», en virtud de la intangibilidad de esta última. La imagen cinematográfica se constituye a partir de la luz y, por consiguiente, también de la sombra. En la penumbra de la sala de proyección, el haz luminoso atraviesa el espacio por encima de los espectadores y se inscribe en la pantalla, configurando formas que remiten a nuestros perceptos del mundo: visibles, aunque inasibles.

Cuando pensamos, evocamos imágenes inasibles, similares a las del cine. Sin embargo, esas imágenes mentales –vinculadas al recuerdo, al rechazo o al deseo– afectan a nuestro cuerpo tanto como, e incluso en ocasiones más profundamente que, aquellas que provienen de la percepción sensorial directa. Muchas de estas representaciones mentales emergen desde la gruta oscura del inconsciente, ese lugar donde se alojan los traumas y desde donde se proyectan imágenes difíciles de interpretar, pero con un enorme poder de inscribirse en el cuerpo. La metáfora de la gruta oscura resulta, por cierto, particularmente pertinente para describir la experiencia en una sala de cine.

Cueva oscura en la que somos sombra. El espectador de cine es, en efecto, una sombra, pues en ese espacio –solitario y resguardado por la oscuridad– emerge su condición de *voyeur*, alguien que se introduce en «la vida de los otros» (como el policía de la célebre película alemana del mismo título). Amparado por la penumbra, transita por las galerías en sombra del inconsciente. Como señala Derrida, el espectador cinematográfico, a diferencia del teatral, es un solitario que, en la penumbra íntima de la sala, se abandona a las proyecciones de sus propios fantasmas:

> El cine –esta es su definición misma, la de la proyección en sala– requiere lo colectivo, el espectáculo y la interpretación comunitarias. Pero, al mismo tiempo, existe una desvinculación fundamental: en la sala, cada espectador está solo. Es la gran diferencia con el teatro, cuyo modo de espectáculo y arquitectura interior contrarían la soledad del espectador. Este es el aspecto profundamente político del teatro: la audiencia es una y expresa una presencia colectiva militante, y si se divide, será en torno de batallas, de conflictos, de la intrusión de un otro en el seno del público. Es lo que me hace a menudo desdichado en el teatro, y feliz en el cine: el poder de estar solo de cara al espectáculo, la desvinculación que supone la representación cinematográfica (2002: 99).

*Voyeur* desconectado de los requerimientos colectivos, preparado para entrar en otra dimensión, para conectar con las más profundas emociones que provienen de la caverna. Barthes llega a hablar incluso de un estado pre-hipnótico para los momentos previos a la entrada en el cine[5], el espec-

5. «Así suele salirse del cine. Pero, ¿cómo se entra? Salvo en los casos –cada vez, cierto, más frecuentes– de una intención cultural muy precisa,

tador se sume en un «festival de afectos» y allí se deja llevar por sus proyecciones, la oscuridad de la sala de cine aísla su recepción del resto del mundo; funciona como un umbral de separación respecto de la cotidianidad. Al ingresar en la sala, nos sumergimos en un «cubo oscuro». En medio de esa penumbra que aísla, se despliega una pantalla en la que se proyecta un juego de luces y sombras. Este juego se vuelve aún más sugerente por el tamaño desmesurado de las figuras que aparecen: hablamos de la gran pantalla cinematográfica. Ese mundo aislado posee tal intensidad y capacidad de movilizar afectos, que el espectador que entra en el cine regresa a la calle transformado. Las imágenes que emergen de las sombras –y que son, a su vez, sombras– tienen una potencia singular para constituirse en analogías de nuestras emociones, produciendo una transformación subjetiva. En términos afines, Derrida se refiere a su experiencia del cine en una entrevista concedida a *Cahiers du Cinéma*:

> Es una emoción totalmente diferente a la de la lectura, que imprime por su parte en mí una memoria más presente y más activa. Digamos que en posición de

---

(película querida, elegida, buscada, objeto de una auténtica alerta precedente), se suele ir al cine a partir de un ocio, de una disponibilidad, de una vocación. Todo sucede como si, incluso antes de entrar en la sala, ya estuvieran reunidas las condiciones clásicas de la hipnosis: vacío, desocupación, desuso; no se sueña ante la película y a causa de ella; sin saberlo, se está soñando antes de ser espectador. Hay una –"situación de cine", y esa situación es pre-hipnótica. Utilizando una auténtica metonimia, podemos decir que la sala de cine está prefigurada por el "ensueño crepuscular" (que, según Breuer-Freud) precede a la hipnosis, ensueño que precede a esa oscuridad y conduce al individuo, de calle en calle, de cartel en cartel, hasta que este se sumerge finalmente en un cubo oscuro, anónimo, indiferente, en el que se producirá ese festival de los afectos que llamamos una película» (351).

> «mirón», en la oscuridad, gozo de una liberación inigualable, un desafío a las prohibiciones de todo tipo. Se está ahí, ante la pantalla, mirón invisible, autorizado a todas las proyecciones posibles, a todas las identificaciones, sin la menor sanción y sin el menor trabajo. Es también por eso, sin duda, que esta emoción cinematográfica no puede tomar, para mí, la forma de un saber, ni siquiera la de una memoria efectiva. Como esta emoción pertenece a un dominio totalmente diferente, no puede ser un trabajo, un saber, ni siquiera una memoria (2002: 95)[6].

Encuentro catártico con sus fantasmas comparable a la terapia psicoanalítica, encuentro, que, según él, le ha ahorrado mucho dinero en sesiones de psicoanálisis. De hecho, vemos que usa en esta cita algunos términos que proceden del psicoanálisis como «proyección».

La palabra *proyección* resulta especialmente rica en este contexto, ya que permite establecer una analogía significativa entre el funcionamiento del cine y el de la mente. Así como el proyector lanza haces de luz que se transforman en figuras fantasmales sobre la pantalla, la mente proyecta sus miedos, deseos e identificaciones sobre otras personas y objetos. Esta dinámica es precisamente lo que dificulta la delimitación clara de fronteras entre el yo y el otro. En el cine, las imágenes se proyectan sobre la pantalla desde una máquina-metáfora de la mente-que, a su vez, toma esas imágenes de una fuente indeterminada, lo que complica la posibilidad de establecer un origen preciso. El espectador,

6. Estas citas de Derrida pertenecen a lo que originalmente fue una entrevista con *Cahiers du Cinema*. Aquí sigo la edición de la misma que hace de Antonio Tudela Sancho en *Desobra*.

en su soledad de *voyeur*, proyecta su inconsciente sobre las imágenes cinematográficas, lo cual se convierte en una metáfora de nuestro estado psíquico permanente: un estado de transferencia, en el que el mundo se nos aparece como una construcción esencialmente fantasmagórica.

Me refiero de manera recurrente al cine en sala y a la pantalla grande, la forma de recepción más valorada por los cinéfilos, aunque hoy en día no sea la más habitual entre el público. De hecho, la sala de cine dejó hace tiempo de ser el medio prioritario de acceso masivo a las películas; incluso el propio televisor ha comenzado a ceder terreno frente a otros dispositivos. Es cierto que, en los soportes distintos de la gran pantalla, se pierde gran parte del sentido mistérico que ofrecía la sala de proyecciones –tanto para el cinematógrafo como para el espectador–. Aquella experiencia de aislamiento, de inmersión en la oscuridad nocturna que evocaba lo inconsciente, y esa contundencia física y emocional que ofrecía la gran pantalla, se diluyen cuando las imágenes se consumen en espacios ordinarios de la vida cotidiana (el tren, el dormitorio, el comedor), los cuales no están diseñados para propiciar el recogimiento y la separación del mundo exterior.

Sin embargo, estos nuevos dispositivos y contextos –algunos, como la televisión, ya no tan recientes– también nos permiten experimentar lo fantasmagórico, aunque por vías distintas. No lo hacen a través del aislamiento, sino mediante la repetición, la inmediatez y la familiaridad con los espectros que habitan la imagen en movimiento. En efecto, a medida que se difuminan los límites entre el espacio del personaje y el del espectador –hasta casi desaparecer el proscenio–, nos vemos inmersos en un régimen de imágenes en el que la separación tradicional entre ficción y realidad se debilita.

En el contexto actual, rodeados de imágenes provenientes de múltiples dispositivos –una situación que, en ciertos aspectos, resulta inquietante–, vivimos más próximos al mundo de los fantasmas. Los tenemos a mano, conviven con nosotros, y esta cercanía puede llevarnos a habitar, cada vez más, su universo.

Las series y las películas son espejos de fantasmas –utilizo aquí una expresión de Román Gubern– que interpelan la vida y las pasiones de cada espectador de manera singular. Y digo *espectador*, no *individuo*, porque no somos el mismo receptor cada vez que vemos una misma película: nuestra disposición subjetiva varía con el tiempo y el contexto. Pero estas obras no solo activan fantasmas individuales; también evocan fantasmas colectivos. Tienen la capacidad de ofrecernos imágenes que afectan no solo a un grupo particular, sino que operan de manera transversal en el espacio y en el tiempo. Los espectros singulares son, en muchos casos, también espectros colectivos.

El cine conecta con nuestras emociones más profundas, emociones que están conectadas al ámbito de lo ancestral, ese que tiene que ver con las motivaciones más elementales, ligadas en muchos casos a los afectos y la supervivencia de los años de infancia en los que se generan las conmociones que han de marcar la emocionalidad del sujeto. Muchos de esas emociones básicas han permanecido con escasas alteraciones a lo largo de los siglos, ese es el ámbito de deseos, fobias y conflictos que en muchos casos hace que conectemos con obras del pasado. Por supuesto que otras artes como la literatura también nos dirigen a ese ámbito pulsional básico, pero la imagen visual inasible del cine y de las nuevas tecnologías audiovisuales tiene un fuerte paralelismo con las imágenes vividas intensamente pero volátiles de nuestros sueños. Jacques Derrida define en su participación en el filme *Ghost Dance* el cine como un arte de fantasmas que permite el retorno de estos, por lo que considera que el periodo de las nuevas tecnologías de la imagen estará marcado por un regreso de lo espectral[7].

El cine y la literatura se componen de imágenes, pero la diferencia entre ambos radica en que la literatura se basa en imágenes que no tienen un soporte físico, lo que hace que su impacto sobre nuestro cuerpo sea menor. Como consecuencia de ello, las imágenes literarias no son tan directamente impactantes ni se dirigen tan de forma inmediata a nuestras emociones. La imagen literaria es más personal, mental e intelectual, sin que esto implique que la literatura carezca de un componente emocional –todo lo contrario–. El carácter físico de la imagen cinematográfica, esa interpelación directa a nuestros sentidos, permite que el cine conecte más inmediatamente con el cerebro emocional derecho. No estoy, ni mucho menos, afirmando que el cine sea superior a la literatura; hablo aquí del impacto emocional. En general, las artes de la imagen en movimiento tienen una capacidad mayor para generar un impacto emocional y, por ende, para conectar con los fantasmas. Fantasmas personales y arquetípicos (siguiendo la terminología de Eco en su texto sobre *Casablanca*), es decir, espectros colectivos que perduran a

7. Jacques Derrida, en su aparición en la película *Ghost Dance* de Ken McMullen, dice estas palabras sobre el potencial fantasmático de la imagen de reproducción mecánica en movimiento sin contraponer el cine a otras tecnologías: «Cinema is the art of ghosts, a battle of phantoms. That's what I think it's about, when it's not boring. It's the art of allowing ghosts to come back» (00:16:48-00:17:02). «I think that the modern technology of images, like cinematography and telecommunication, enhances the power of ghosts and their ability to haunt us. Instead of diminishing the realm of ghosts–as scientific or technical thought is often believed to do–I think we are, on the contrary, living in an age of ghosts, of new ghosts, of new modes of haunting. Ghosts are part of the future, and the modern media are their vehicle» (00:20:18-00:20:29).

través de generaciones y que se manifiestan en diversos contextos históricos, porque residen en el ámbito de lo atávico.

El argumento de Gubern sostiene que esta capacidad de conexión emocional se manifiesta de forma privilegiada en el cine comercial de Hollywood, el cual, en su afán por captar amplias audiencias, apela a lo más profundo de la emocionalidad humana. En este sentido, desempeña una función análoga a la de los antiguos narradores de mitos y leyendas, al construir «grandes arquetipos universales que ya estaban presentes en los textos de Homero, verdaderas reencarnaciones actualizadas de Aquiles, Hércules, Helena de Troya, Polifemo, Edipo o Penélope» (1993: 12). Esta propuesta resulta sugerente, en la medida en que permite comprender por qué el cine de masas logra establecer una conexión efectiva con el espectador, no solo mediante estrategias publicitarias o el despliegue de grandes presupuestos, sino también a través de la invocación de estructuras arquetípicas profundamente arraigadas en el imaginario colectivo.

Ahora bien, conviene señalar que esta apelación a lo arquetípico no es exclusiva del cine hegemónico ni circunscrita al ámbito del entretenimiento. También el cine no comercial, vinculado con una tradición más autoral y experimental, ha explorado imágenes de fuerte carga simbólica y carácter atávico. Directores como Buñuel, Bergman, Visconti, Fellini y, de manera destacada, Erice, han trabajado con este tipo de representaciones. Sin embargo, a diferencia del modelo hollywoodense, dichas imágenes suelen insertarse en narrativas abiertas, frecuentemente ambiguas, que no se rigen por los principios de continuidad, causalidad y acción propios del relato clásico. Esta ruptura con la linealidad narrativa exige del espectador una mayor implicación racional e interpretativa, lo cual puede mitigar o desplazar el impacto emocional inmediato que caracteriza al cine de masas.

De todas formas, no escribo con la intención de establecer dualidades ni de determinar si es mejor el cine que la literatura, si es preferible ver películas o series en el ordenador, o si resulta más valioso el cine de entretenimiento que aquel que propone narrativas alternativas a las comerciales, de hecho, en la actualidad, muchos cineastas han superado esa dicotomía y se sitúan en un terreno intermedio, complejo y difícil de clasificar. Tampoco es mi objetivo pronunciarme sobre la calidad –ni de los medios, ni de las obras–, pues, en no pocas ocasiones, lo que ciertos críticos presentan como juicios objetivos sobre una película no es más que una racionalización de sus propios fantasmas.

Para hablar de sombras y espectros no es necesario apelar a categorías como «buenas» o «malas» películas, ni recurrir a lo que comúnmente se denomina «calidad». Esta última suele fundarse en criterios racionales, o al menos en construcciones pseudo-racionales que pretenden objetivar lo que, en muchos casos, responde a experiencias subjetivas. Cuando me refiero a lo fantasmático, hablo de aspectos del cine que activan resonancias profundamente atávicas en el inconsciente.

En la galería secreta de nuestros sueños ocupan un lugar privilegiado ciertos personajes de ficción que no nos interpelan necesariamente por la perfección del guion que los contiene, ni por la precisión temporal del montaje o el equilibrio compositivo de la obra. A menudo, ni siquiera recordamos a los actores o actrices por su virtuosismo interpretativo, sino por sus rasgos faciales, por el modo en que la cámara –a través de la mirada de un director o de un director de fotografía– los enmarca, los ilumina, los revela.

Estas apariciones persisten en nuestra memoria porque esos personajes encuentran un lugar, un refugio, en nuestra ciudad de fantasmas. Una ciudad que creemos muchas veces habitada en soledad, como si fuera obra de un demiurgo personal, hasta que, en un momento de revelación, abrimos los ojos y descubrimos que aquello que creíamos una aldea íntima forma parte de una vasta megalópolis compartida.

La huella que estos espectros dejan en nuestra pantalla tiene mucho más que ver con lo inconsciente, con lo no deliberado, que con los criterios racionales a partir de los cuales solemos evaluar las películas. Esto no implica una renuncia al pensamiento, sino más bien una invitación a escuchar, de la forma más lúcida posible, la voz que nos llama desde la caverna.

Una de las caras de la fantasmagoría, como se dijo al comienzo de este apartado, afecta al conocimiento/desconocimiento de eso que coloquialmente llamamos realidad. La espectralidad incide en algo sobre lo que nos extenderemos con más detalle más adelante: la melancolía. Esta, tal y como la ha entendido el pensamiento occidental durante siglos, tiene muchas caras, pero una de ellas es precisamente el malestar ante el desconocimiento del mundo, la limitación del lenguaje y las fallas del conocimiento. La melancolía es, entre otras cosas, también dolor por el descubrimiento de que una vez fueron vanas nuestras ilusiones de conocerlo todo. La idea de navegar sin asideros firmes de conocimiento –navegar entre fantasmas– produce desconsuelo.

Julio Romero ve esto en el grabado *Melancolía I* de Durero. Dice de la figura alada que protagoniza el grabado que es un geómetra, pero «un geómetra que, como Durero, acaba de ser consciente de su limitada capacidad humana» (1993: 107), de la dificultad del ser humano para «conocer, orientarse, decidir» (109). Esa limitación que ya aparece en el famoso grabado se vuelve paradigmática del pensamiento del siglo XX: «El siglo XX no ha resultado ser el de las luces, sino el de las sombras. Todo queda más allá, en sombras, a pesar de la luminosidad del decorado, de la vistosidad de la escenografía, o precisamente por esos destellos que deslumbran» (108).

La sombra, como metáfora del desconocimiento y del descorazonador encuentro con las limitaciones del saber –tanto en la ciencia como en la vida cotidiana–, produce sinsabor y melancolía. El trabajo del artista, precisamente por desenvolverse entre fantasmas –figuras sensibles de aquello que se resiste a ser plenamente conocido y que en ellas está y no está–, se orienta hacia la melancolía. Agamben nos ofrece una cita del pintor y poeta manierista Romano Alberti, en su *Tratado de la nobleza de la pintura*, en la que se establece de forma paradigmática la relación entre el temperamento melancólico y la frecuentación del fantasma, al tiempo que se destaca la capacidad creativa de los melancólicos:

> Los pintores se vuelven melancólicos porque, queriendo ellos imitar, es necesario que retengan los fantasmas fijos en el intelecto, de modo que después lo expresen de la manera que primeramente los habían visto en presencia; y esto no solo una vez, sino continuamente, siendo éste su ejercicio; por lo cual de tal modo mantienen la mente abstracta y separada de la materia, que consiguientemente les viene la melancolía, la cual sin embargo dice Aristóteles que significa ingenio y prudencia, porque, como dice él mismo, casi todos los ingeniosos y prudentes han sido melancólicos (1995: 61-62).

A partir de aquí, el análisis del relato *El Sur* y de su versión cinematográfica se propone profundizar en la presencia de la melancolía en la cultura occidental y en las múltiples formas en que esta se manifiesta en ambos textos. Las páginas que siguen son una indagación sobre cómo, a lo largo de los siglos y en una notable variedad de obras, el mundo ha sido representado como visión, como fantasmagoría, como territorio de sombras. En este marco, los dos textos elegidos –distintos en lenguaje, pero profundamente afines en sensibilidad– condensan, de forma paradigmática, muchas de las formas en que el arte ha expresado el desengaño, pero también la capacidad de grandeza y creación que anida en quienes han atravesado ese desencanto. Tanto en la obra como en el filme, me interesa especialmente su potencia para evocar espectros.

El ámbito de lo inconsciente es, por naturaleza, el de lo indefinido: un espacio de imágenes y palabras que emergen sin llegar nunca a presentarse con nitidez plena. No se trata de un lenguaje conceptual ni lógico, sino de una forma de expresión fragmentaria, simbólica, cargada de opacidad. El inconsciente opera en penumbra, se manifiesta por deslizamientos, repeticiones, omisiones; es oscuro, elusivo, inestable. Por ello no resulta extraño que uno de los títulos más sugerentes del imaginario surrealista –*Enigma sin fin*, de Salvador Dalí– parezca hecho a su medida: el inconsciente se ofrece como enigma perpetuo, un juego de formas que no acaban de fijarse del todo, un flujo que escapa a la clausura del sentido.

Entre los arquetipos descritos por Jung, uno de los más relevantes es el de la sombra, que –cuando intentamos traducirla al siempre insuficiente lenguaje racional– se aproxima a la noción de lo inconsciente, tanto en su dimensión personal como colectiva. Este arquetipo no se expresa de forma unívoca: si bien puede aparecer como sombra literal, también suele representarse simbólicamente a través de elementos como el agua. En sus superficies espejeantes reconocemos nuestro reflejo, nuestra imagen proyectada, pero bajo esa calma aparente, en la profundidad, emergen figuras vivas: «seres vivientes… peces, inofensivos habitantes de la profundidad… inofensivos si el lago no fuera para muchos espectral» (1970: 30).

La sombra, en este sentido, nos conduce a la división del sujeto, con todo lo que esto implica en cuanto a las áreas aceptadas por él mismo y por la colectividad en la que vive, así como las zonas de su psique que resultan difíciles de aceptar. En este contexto, la sombra se convierte en una palabra fuertemente connotativa, no solo por ser una imagen marginada del sujeto, sino también por lo que representa de oscuridad. A partir de este momento, podemos vincular la sombra al concepto del doble, con todas las posibilidades siniestras que este conlleva.

En esta acepción de la sombra, volvemos a toparnos con lo que se escapa a una percepción clara y transparente. La sombra está allí, porque es una parte intrínseca del sujeto, pero se oculta, se esconde, no quiere mostrarse. Así, la aparición de esa otredad-sombra en el lenguaje artístico adquiere connotaciones funestas por dos razones: porque es la cara maldita del sujeto y porque esconde lo que no puede ser visto. La sombra, en este contexto, se llena de las connotaciones negativas de lo invisible, de lo reprimido. Cuando decimos que algo «está en la sombra», nos referimos a lo que queda oculto o apenas perceptible. Esta noción de ocultamiento puede vincularse fácilmente con el concepto freudiano de lo siniestro

El siniestro, término con el que se ha traducido al castellano el alemán *unheimlich*, alude precisamente a lo familiar que se ha vuelto extraño. Freud lo explica de la siguiente manera: «lo unheimlich, lo siniestro, procede de lo heimisch, lo familiar, que ha sido reprimido» (1996: 2501). Lo reprimido, en términos freudianos, es aquello que se ha olvidado porque resulta doloroso o inconveniente, lo que ha sido encerrado en los laberintos del inconsciente, lo que permanece oculto, lo que no se deja ver.

Lo siniestro es la cara reprimida y, por ello, angustiante de lo cotidiano, su reverso. El término castellano *siniestro* también significa «izquierdo», es decir, el lado del cuerpo que la cultura occidental ha relegado al ámbito de la alteridad. Siniestro es, entonces, lo izquierdo, lo relacionado con la mano subalterna, aquella que asiste a la mano dominante, lo que pertenece al lado del cuerpo regido por el hemisferio derecho del cerebro, el hemisferio emocional.

Sobre la mirada hacia esa zona oscura, que puede ser a la vez una profundidad enriquecedora o una esfinge paralizante, dedicaremos una buena parte del análisis de *El Sur*, tanto del relato como de la película. Exploraremos las distintas formas en que se expresa la oscuridad a través de dos medios con maneras propias de abordar lo imaginario: el cine y la literatura.

# III
# Las sombras en *El Sur* de García Morales

## I

*El Sur*, de Adelaida García Morales, es un relato enmarcado por las sombras: desde su primera línea nos sitúa en la oscuridad de la noche –«Mañana en cuanto amanezca iré a visitar tu tumba» (5)–, y en la última página, la narradora concluye su escritura envuelta en una oscuridad absoluta, a la falta de luz natural se suma la ausencia de luz eléctrica:

> Mañana abandonaré para siempre esta casa, convertida ya para mí en un lugar extraño. Ahora no hay luz eléctrica y, desde una oscura desolación, van apareciendo, en el círculo luminoso de mi linterna, los objetos abandonados que la habitan… (52).

Pero ya antes de la primera línea de la narradora nos hemos encontrado con la palabra sombra en una cita de Hölderlin que abre el texto: «¿Qué podemos amar que no sea una sombra?».

La palabra *sombra*, en el espacio del epígrafe, recobra una nueva vida, una nueva apertura, fuera de la cadena de significantes de los versos del poema original. El verso, en el epígrafe, desvinculado de su poema, queda bailando en la blancura del papel, y eso le da una mayor soltura. Queda vinculado al relato que viene después, pero su estado es distinto del que tendría insertado dentro de la narración; su vinculación con el resto del texto es más abierta que si formase parte del texto que nos habla de la protagonista y su familia. Queda en un lugar ambiguo, entre esa blancura del papel y la cadena de significantes del relato. La palabra *sombra* ahora significa en función de lo que escribe Adriana en su relato, y de los significados que sobrevuelan por ese limbo, por esa blancura de la página, que a su vez revierten en el relato. La cita de Hölderlin, que contiene la palabra *sombra*, por un lado está en el marco que inicia una cadena temporal que es el relato; por otro, mira con absoluta libertad a una amplia variedad de posibilidades semánticas, y dicha amplia variedad revierte, a su vez, en lo que se encuentra dentro del marco de la narración.

De hecho, la cita del verso, con ese estar y no estar, con esa aparición breve pero cargada de posibilidades semánticas, es en sí misma una sombra, pasa ante nuestros ojos con un carácter espectral, inasible, pero con una intensa carga emocional y semántica. Las sombras de Holderlin aquí pasan a ser las sombras del propio epígrafe, que en su estar y no estar en el poema original, en el limbo blanco del papel y en el relato de Adriana tiene un carácter propio de la sombra, o sea, un juego inestable de presencia y ausencia.

Y en esa inestabilidad de presencia y ausencia de lo sombrío, vamos a detenernos primero. Está y no está la sombra del padre al que ella escribe, es un fantasma familiar, un espectro que no vive pero que toca el inconsciente. Que está en los recuerdos, haciendo, si cabe, más daño que cuando vivía. Un padre que no está, pero deja su huella en todo lo que ha quedado en esa casa por sí misma espectral a causa del paso del tiempo:

> [...] un tablero de ajedrez, sillones de terciopelo, rincones vacíos, cuadros, lámparas apagadas, postigos cerrados, desconchados en las paredes... Son objetos indiferentes que ya no pertenecen a ninguna vida. Toda la casa aparece envuelta en el mismo aliento de muerte que tú dejaste. Y en este escenario fantasmal de nuestra vida en común, ha sobrevivido tu silencio y también, para mi desgracia, aquella separación última entre tú y yo, que con tu muerte se ha hecho insalvable y eterna (52).

En el texto de Adriana hay una operación mágica a través de la escritura. La narradora, en su carta a un muerto, invoca a su espectro-sombra y así puede recuperar el tiempo pasado y llevar a cabo una operación catártica. En este acto emocional que supone ponerse frente a su padre conformado por la letra, le da vida a este, igual que las sombras y las estatuas guardan el alma del representado. El padre revive y, junto a él, la sombra-espectro de la niña que ella fue. Es un ejercicio de memoria, de confrontación emocional (más intensa e importante que la memoria) a través de la escritura, pero también de diferencia. Ni la memoria recuerda exactamente lo que pasó, ni se puede hacer presente la emoción del pasado, el contexto ha cambiado, ella ahora es otra. Ahora también habla la mujer madura, menos indefensa, y esta recuperación, este revivir (revivir con inestabilidad, claro), revivir más que recordar, hace que la escritura sea una experiencia catártica y que ella pueda abandonar para siempre la casa de los sufrimientos.

Se trata de un conjuro por el que se invoca a un fantasma, que a diferencia del padre de Hamlet no exige nada a su hija, no viene a este mundo a hablar con nadie, solo habla ella, el no responde. Pero esta escritura de conjuro hace que él se aparezca:

> Y no sabes que terrible puede ser ahora, en el silencio de esta noche, la representación nítida de un rostro que ya no existe. Me parece que aún te veo animado por la vida y que suena el timbre de tu voz, apagada para siempre. Recuerdo tu cabello rubio y tus ojos azules que ahora, al traer a mi memoria aquella sonrisa tuya tan especial, se me aparecen como los ojos de un niño. Había en ti algo limpio y luminoso y, al mismo tiempo, un gesto de tristeza que con los años se fue tornando en una profunda amargura y en una dureza implacable (6).

Esta cita es muy significativa por todo lo que contiene de juego inestable, huidizo, de estar y no estar, propio de lo espectral, que se manifiesta inclusive en los tiempos verbales en presente y pasado. Lo es también por la combinación del recuerdo que invoca otro tiempo («Recuerdo tu cabello…», «al traer a mi memoria»), con expresiones que hacen alusión a una percepción directa de un aquí y ahora por alusión a los sentidos («te veo animado por la vida», «suena el timbre de tu voz») y a la representación de lo que no está («la representación nítida de un rostro que ya no existe», «se me aparecen como los ojos de un niño»).

La vía de comunicación con el fantasma, la escritura, es en sí misma el uso fantasmático del lenguaje por excelencia. En la escritura las letras se alejan de quien las emite de forma más clara que en el habla, la escritura es movediza y desprendida. Un texto escrito a un fantasma que está y no está, que lee y no lee, en un lenguaje de signos que no sabemos sobre qué soporte ha sido escrito, a quién va dirigido además de al espectro del padre. Juego de ambigüedades que recuerda la carta que Kafka escribe a su padre, carta en ese caso no de «ficción» como en el caso del que hablamos, pero sí dirigida a un padre inventado, como todos, nunca publicada en vida del padre, por tanto, dirigida a alguien a quien no se muestra, y luego publicada (diseminada) como libro después de la muerte del padre –que difícil se empieza a hacer aquí trazar una frontera entre la ficción y la no ficción, entre el fantasma que es el otro al que escribimos (y, por tanto, inventamos) y el fantasma de lo que llamamos texto de ficción–.

## II

El epígrafe «¿Qué podemos amar que no sea una sombra?» en sí mismo conlleva un sentimiento de desencanto vital, de pérdida, de dolor por la brecha entre la realidad (eso que coloquialmente llamamos realidad) y el deseo[8], y de carencia melancólica, que es el que da el tono a buena parte de *El Sur*. La palabra sombra cobra aquí una gran riqueza, una gran capacidad de condensación que nos conduce en varias direcciones semánticas interrelacionadas.

La primera nos habla de un desencanto platónico, platónico en el sentido del mito de la caverna tal y como aparece en *La República* de Platón, según el cual vivimos como prisioneros encerrados en una cueva y, debido a ello, solo podemos ver las sombras de lo que ocurre fuera de dicha caverna.

8. Referencia deliberada a Luis Cernuda (quien, por cierto, fue traductor de Hölderlin), cuya obra poética lleva por título *La Realidad y el Deseo*. En la página 28, Adriana afirma: «Quizá fuese entonces cuando, por primera vez, recibí esa lección desoladora que, a pesar de los años, todavía no he conseguido aprender. Qué lejos se halla el deseo de esa realidad que vivimos cuando creemos realizarlo».

En la caverna de Platón, el sabio puede mirar fuera de ella y alcanzar la verdad sin sombras. Sin embargo, en este poema de Hölderlin –y, en general, en la visión desencantada de los melancólicos sobre el conocimiento del mundo– no se ofrece acceso a una realidad iluminada por la certeza o el amor; el mundo permanece envuelto en sombras. La verdad última, insondable, sigue siendo inaccesible. La historia de Adriana sugiere, de forma implícita, que nunca podemos tener la seguridad de conocer verdaderamente a alguien. En su mundo, todo lo que fue sólido en la infancia se desvanece en el aire.

Así, llevando estos versos al contexto de Adriana, ella ama una sombra en su padre, en el sentido de que posee una imagen muy vaga de él, pues hay muchas cosas que desconoce: no sabe que tuvo una amante en Sevilla, no sabe que es alcohólico, ni siquiera sabe que tiene un hermanastro, entre otros secretos. Es un padre del que va adquiriendo, poco a poco, retazos de conocimiento –aunque nunca llega a saberlo todo–, y del que la información en el relato es escasa, limitación que también afecta al lector. A diferencia de la película, el lector depende constantemente del punto de vista de la narradora y comparte sus carencias: sufrimos las mismas limitaciones que Adriana.

En el texto de García Morales, el padre –como los demás personajes– habla a través de la memoria de la hija; incluso cuando leemos un texto escrito por él, lo hacemos desde la perspectiva de ella. En la versión fílmica, sin embargo, hay momentos en los que estamos a solas con el padre, sin la presencia de la hija; por ejemplo, cuando lee la carta desencantada de su amante en un café. Pero, incluso en esos casos, el conocimiento adicional que obtiene el espectador tiene el efecto paradójico de subrayar aquello que la hija ignora. Así, se refuerza el tema de la falta de conocimiento.

La escritura de Adriana constituye una expresión de la dificultad inherente al acto de conocer; muestra cómo nuestro saber es espectral, cómo nuestra representación del mundo es siempre textual y limitada, y cómo nuestras imágenes de las cosas son, en última instancia, fantasmagorías. Por ello, resulta especialmente significativo que ella escriba a un muerto que no puede responderle. Como señala Epícteto José Díaz, «se trata de una comunicación imposible y de la búsqueda de respuestas que nunca alcanzará, puesto que el padre ya no puede responder ni explicar nada» (2008: 226)[9].

El conocimiento está profundamente vinculado al crecimiento personal y emocional, y en este texto se advierten elementos característicos de la novela de aprendizaje, ese tipo de relato que sigue el desarrollo interior de un personaje a lo largo de su vida o de una etapa significativa. La obra no solo muestra cómo la protagonista adquiere saberes y experiencias, sino que también plantea una reflexión sobre los límites y desafíos del conocimiento, especialmente cuando se trata de comprender al otro. Ponerse en el lugar del otro, empatizar verdaderamente con sus emociones, pensamientos y circunstancias, aparece como una tarea compleja, casi inalcanzable por momentos. Así, el texto no solo narra un proceso de formación individual, sino que también invita a cuestionar hasta qué punto es posible conocer al otro en su totalidad.

El crecimiento consiste, entre otras cosas, en entender que no todo es yo, que no todo es como el yo lo entiende y como el yo lo siente, y sobre todo entender que proyectamos

9. En «*Making El Sur*», Malcolm Alan Compitello lleva al extremo la reflexión sobre la dificultad del acceso al conocimiento en el relato, construyendo una lectura interpretativa centrada en la autorreferencialidad como rasgo estructural tanto del texto literario como de la adaptación cinematográfica.

continuamente ideas y sentimientos sobre los demás. Crecer es entender que la vida del otro no es patente y evidente, que me llegan de ella solo vestigios. A través de dichos vestigios vemos similitudes y diferencias. Por un lado, a través de las huellas del padre ella descubre a su padre como distinto de lo que ella es, siente y espera. Pero también, por esas huellas llega a las similitudes, una huella de la vida de su padre es su hermanastro y a través de lo que el joven habla y escribe, Adriana entiende que ella puede ser una sombra para otros, al igual que su padre lo ha sido para ella.

Por otro lado, se trata de una narración mediada por la voz de una adulta que recuerda lo que, en su momento, vivió y comprendió una niña. Esto introduce una doble capa de interpretación y distorsión: por un lado, la forma en que la infancia procesa la realidad; por otro, cómo la memoria adulta reelabora esos recuerdos. Sabemos que los recuerdos de la infancia tienen un carácter fragmentario y fantasmagórico: no solo porque la mirada infantil transforma lo vivido, sino porque con el paso del tiempo, nuestra memoria también transforma aquello que ya habíamos transformado en la niñez. Amamos sombras y somos sombras.

Este proceso de transformación de los recuerdos y la identidad se conecta directamente con la evanescencia de vida, podemos volver a Hölderlin en su *Empédocles* para sintetizar lo dicho en el párrafo anterior: «No podemos encontrar lo que somos y buscamos. Y no somos lo que encontramos» (Hölderlin, citado por Földényi 2008: 39). Esta cita refleja la imposibilidad de alcanzar una imagen clara y fija de uno mismo, que es precisamente lo que ocurre cuando se trata de la memoria infantil. Al igual que el sujeto de *El Sur*, quien se ve marcado por una escisión entre lo que ha sido y lo que ahora se le presenta como una realidad distante, nuestra memoria actúa de manera similar. No solo reconfigura el pasado, sino que crea una sombra de lo vivido, una versión de los recuerdos que no es lo que realmente ocurrió, sino lo que hemos transformado o interpretado a través de los años. La distancia temporal y la mirada adulta generan un doble proceso de reescritura, en el que lo recordado nunca es idéntico a lo que alguna vez fue, y lo que encontramos al mirarnos en el pasado no es más que un reflejo incompleto de lo que éramos. Antonio Machado escribió: «al volver la vista atrás se ve la senda que nunca se ha de volver a pisar» (1996: 81). Pero más inquietante aún es que esa senda apenas se distingue: los contornos se desdibujan, los colores se apagan, y el paisaje del pasado se convierte en una niebla de sombras y ecos. Lo que una vez fue ya no es, y ni siquiera la memoria logra reconstruirlo con nitidez. El filme de Erice expresa esto de manera más explícita que la novela cuando Estrella habla de como su padre adivinó su sexo: «Me contaron que mi padre adivinó que yo iba a ser una niña. Es lo primero que de él me viene a la memoria, una imagen muy intensa que, en realidad, yo inventé» (00:05:58-00:06:13).

En su poema dedicado a la Naturaleza, del cual toma el verso García Morales, Hölderlin expresa su desencanto al intentar recuperar el entusiasmo juvenil por la vida y por la Naturaleza:

> La más amada ternura, condenada a un ayuno eterno
> Lo que amamos no es más que una sombra[10].
> Para mí, la Naturaleza tan amiga murió
> con los sueños dorados de mi juventud
> (1995: 47).

10. Hay diferencias entre como aparece este verso de Hölderlin en el epígrafe del relato –«¿Qué podemos amar que no sea una sombra?»– y la traducción que cito –«Lo que amamos no es más que una sombra»–. No he podido encontrar ninguna traducción al castellano que use las mismas palabras que García Morales.

Asimismo, manifiesta el doloroso contraste entre el desencanto melancólico y las ilusiones perdidas:

> ¡Benditos seáis, sueños de la infancia,
> me ocultabais la miseria de la vida!
> Vosotros habéis engendrado los gérmenes del bien que hay en mi alma,
> me dabais los bienes que ya nunca más conquistaré (1995: 48).

En estos versos se evoca aquella firmeza con la que, en la infancia, creíamos comprender y amar el mundo, como si todo tuviera un sentido claro y accesible. No obstante, se introduce también un motivo esencial –al que volveremos más adelante, pues resulta clave para desentrañar tanto la novela como la película que nos ocupan–: el paso doloroso e inevitable del tiempo.

## III

Asociamos la sombra con la visibilidad dificultosa de los objetos y los sujetos, y hay un área de la psique especialmente huidiza: el inconsciente. Este es un relato sobre lo reprimido, sobre aquello que permanece oculto en la vida cotidiana familiar, en esa zona sombría de lo no revelado. Se alude a lo que no puede salir a la luz sino a través de escapes, fugas, oscuros efluvios que emergen desde lo más profundo de lo no dicho.

Tanto el relato como la película abordan lo que permanece oculto en la sombra del inconsciente. Retomo lo planteado anteriormente con una cita de una discípula de Jung, quien define la sombra según la teoría de este:

> Este concepto se refiere a los aspectos oscuros, moralmente reprobables, o simplemente primitivos de la psique, que a menudo son inconscientes y que se encarnan en sus correspondientes figuras en los sueños o los cuentos... Eso se expresa a través de una figura del mismo sexo que el héroe o heroína del cuento; la figura de la sombra puede referirse a todas las facetas que la psique percibe como inferiores (Birkhäuser-Oeri 2010: 35).

El padre alcoholizado que golpea a Adriana por ir con un chico demuestra que la imagen que la niña tuvo del hombre bondadoso y creativo en su infancia es solo una sombra del sujeto amargado y violento que ella llega a conocer años después. Sin embargo, visto de otra manera, el alcoholismo y la violencia están albergados en el área oculta del padre, en esta otra dimensión de su sombra. Esta es una novela de personajes sombríos, oscuros, siniestros, si entendemos «siniestro» en el sentido freudiano de aquello que no debe salir a la luz, lo que debe quedar oculto. Y dentro de lo que debe quedar oculto, claro, están los conflictos familiares, fundamentalmente los conflictos no reconocidos. La rivalidad con la madre y los deseos hacia el padre, pero a la inversa; la rivalidad de la madre hacia la hija y los celos del padre cuando esta se relaciona con otro chico. Es decir, los conflictos edípicos.

Resulta casi innecesario explicar qué es el complejo de Edipo, dado que es uno de los términos freudianos más conocidos y usados en el lenguaje popular. Sin embargo, aunque sea para refrescar la memoria de algunos lectores y también porque a veces se usa sin saber demasiado bien a qué se refiere, es una expresión creada por Freud para explicar la atracción que el hijo siente por la madre y la rivalidad que esto genera con respecto a su padre. Edipo de Tebas mata a su padre, Layo, creyendo que se trata de otro hombre, y se casa con su madre, Yocasta.

En el relato de García Morales aparece una hija con una fuerte atracción hacia el padre, quien, a su vez, muestra un fuerte apego hacia ella y celos hacia un joven con el que la ve. Estamos ante una variación de lo edípico que Jung llamó «complejo de Electra». Según el psiquiatra suizo, los niños y las niñas comparten inicialmente el deseo de poseer a la madre y de deshacerse del padre. El desarrollo futuro traerá la diferenciación, dando lugar a este complejo:

> Con los años, el conflicto toma en el hijo claramente una forma más varonil, típica, mientras en la muchacha se desarrolla la específica inclinación al padre y la correspondiente actitud celosa hacia la madre. Se podría denominar *complejo de Electra*. Como es sabido, ésta juró sanguinaria venganza contra su madre, Clitemnestra, que asesinó a su marido privando a Electra de su amado padre (2000: 150).

No es este el lugar para tratar sobre la verdad científica que encierran estas palabras de Carl Jung. La ciencia psiquiátrica ha avanzado mucho desde los tiempos de él y de su maestro (y rival) Freud. Por tanto, no hago universales las palabras que acabo de citar sobre este tema. Sin embargo, sí puedo afirmar que lo que dicen los psicoanalistas sobre el complejo de Electra se parece mucho a lo que se lee en el texto de García Morales. Lo que intento abordar en este caso, sobre todo, es cómo el mundo de las sombras determina la escritura de este texto y cómo, dentro de ese mundo de oscuridad, la conflictividad paterno-filial juega un papel muy importante. Esta conflictividad es una línea de fuerza capital en el texto, que no tiene, ni mucho menos, la misma intensidad en el filme, como veremos más adelante.

Hay partes del relato en las que esa conflictividad domina intensamente la escritura, como es el caso del sueño de la protagonista:

> Soñé que todo el planeta se había inundado. El agua, como poderoso instrumento de destrucción, cubría toda la superficie de la tierra. En ella flotaban a la deriva fragmentos de cuanto había existido hasta entonces. Era el fin. De pronto apareció a lo lejos una barca. Era muy pequeña y tú venías en ella remando lentamente hacia mí. Cuando me ayudaste a subir a tu lado continuaste remando perdido en aquel mar sin límites. No me decías nada. Era como si aquella catástrofe no tuviera la menor importancia para ti. Entonces yo tuve un deseo; casarme contigo. Y al mismo tiempo tuve un pensamiento: tú te negarías, pues habías cambiado tanto… Ahora, de alguna manera, le dabas demasiada importancia a las normas de este mundo y ellas te lo prohibirían. Y con aquella tristeza me desperté (33-34).

Cito ampliamente este pasaje porque es muy explícito en lo que a la conflictividad del deseo filial se refiere; desea en el sueño casarse con su padre y se siente decepcionada por el rechazo de éste y por la norma que lo prohíbe. Pero también nos habla del deseo de eliminar, de hacer desaparecer todo aquello que se interpone entre ella y Rafael.

Es un sueño muy productivo, pues en él se puede ver no solo una fuerte carga edípica en la eliminación de la madre, sino también de todo ese mundo farisaico en el que ella y su padre se sienten ajenos. El agua embravecida del diluvio que provoca la anegación total nos habla de la ira de esta joven, pero también de su necesidad de cambio, no solo social, no solo de eliminar ese mundo rancio en el que ellos se sienten encajonados, sino de ella misma, de renacer y de encontrarse con una fuerza espiritual, con su «animus», dirían los jungianos. Es un sueño de gran condensación de sentido. Pero ese giro no puede darse a través de la identificación con su padre.

La ida a Sevilla representa la necesidad de anegar, de inundar simbólicamente su mundo familiar, marcado por el dolor, la represión y los vínculos conflictivos. Es un intento de ruptura, de dejar atrás ese entorno asfixiante para comenzar una nueva vida, lejos del peso de su historia personal. Sin embargo, como vemos más adelante, ese alejamiento no es suficiente: también tendrá que abandonar Sevilla, porque el verdadero enfrentamiento –la posibilidad de sacar al Minotauro de la cueva– exige un retorno a lo reprimido, a lo que quedó oculto en su interior. Solo enfrentando ese monstruo simbólico podrá iniciar un proceso de transformación real.

La ira de esta niña también se manifiesta contra Mari Nieves: en una ocasión la hiere con espinas y en otra está a punto de causarle la muerte. Una vez más, la rabia aparece como expresión del deseo de destruir un mundo que se rechaza, un mundo que Mari Nieves representa con claridad: el orden doméstico, lo convencional, lo impuesto. Pero en ese gesto violento también se revela algo más profundo: la furia dirigida hacia todo aquello que se asocia simbólicamente con la figura materna. Mari Nieves no solo es una figura de autoridad femenina, sino también una extensión de la madre en términos afectivos y simbólicos, y por eso se convierte en blanco de una agresividad que busca romper con los lazos que atan a la protagonista a ese universo familiar opresivo.

Es un sueño, como he dicho, que condensa diversos aspectos de *El Sur*, y muy especialmente su espectralidad. El hecho de tratarse de un sueño ya remite a lo fantasmático, ya que una de las definiciones de «fantasma», según la RAE, es: «visión quimérica como la que se da en los sueños o en las figuraciones de la imaginación». En francés, dos palabras traducen este término: *fantôme* y *fantasme*. La primera alude a la aparición, al espectro que se presenta ante nosotros; la segunda, entre otros sentidos, remite a la fantasía, especialmente aquella que proviene del inconsciente y del deseo.

Podríamos decir que, en este sueño, se manifiesta una fantasía –un *fantasme*, en el sentido psicoanalítico– propia de una niña atravesada por el conflicto del complejo de Electra, que necesita el amor de su padre. Ese amor es el fantasma que da forma a la visión idealizada del progenitor que aparece en la primera parte de la obra. Pero el sueño también habla de la imposibilidad de una plena complacencia de esos fantasmas; de lo que, según Francisco Mujica, el psiconálisis define como «la imposibilidad estructural de la satisfacción del deseo mismo» (Mujica 2013: 188). Esta imposibilidad puede deberse tanto a los impedimentos sociales como al hecho de que, incluso cuando se alcanza el objeto del deseo, siempre quedan vacíos por llenar, y el deseo, por su propia naturaleza, genera nuevas carencias.

La historia de Adriana forma parte de ese largo proceso de descubrimiento (digo «parte» porque ese proceso nunca se culmina) del dolor primordial que consiste en comprender que las fantasías no se cumplen, y que el deseo nunca se realiza de forma totalmente satisfactoria. Ella misma lo expresa con estas palabras: «Quizá fuese entonces cuando por primera vez recibí esa lección desoladora que todavía, a pesar de los años, no he conseguido aprender. Qué lejos se halla el deseo de esa realidad que vivimos cuando creemos realizarlo» (28).

Este relato nos lleva desde la fantasía infantil hasta un reconocimiento autorreflexivo de ese fantasma. Ni es posible el idilio con el padre, ni Rafael es el príncipe encantado.

Sin embargo, los llamados complejos de Edipo y de Electra no deberían entenderse únicamente desde la perspectiva de los hijos, como si se tratara solo de sus proyecciones y deseos inconscientes. Aunque sus nombres remiten a los hijos –Edipo y Electra–, estos conflictos también involucran a los padres de forma activa. Es necesario considerar el componente de abuso, tanto paterno como materno, que puede estar presente en estas dinámicas, y que no puede reducirse únicamente a las fantasías o deseos de los hijos.

Recordemos que Layo, el padre de Edipo, ordenó que ataran con cadenas los pies perforados del niño y lo abandonaran en el bosque. El infanticidio, sin embargo, no se consuma porque el pastor encargado de la tarea siente compasión y decide no matarlo. Este episodio tiene resonancias claras con otro relato: *Blancanieves*, un cuento que puede ser leído desde la lógica del complejo de Electra, donde aparece una figura materna abusiva –la madrastra– que intenta deshacerse de la niña. En este caso, es un cazador quien, al igual que el pastor en la historia de Edipo, se apiada de la menor y le perdona la vida.

Estos paralelismos refuerzan la idea de que los vínculos edípicos y electros no son unilaterales; los adultos, padres y madres, también ejercen poder, deseo, frustración y violencia en esas relaciones. Por tanto, reducir estos complejos al terreno exclusivo de los hijos implica olvidar una dimensión fundamental: la responsabilidad y el deseo de los padres en la construcción del drama familiar.

Son frecuentes los cuentos de hadas en los que aparece la figura de la madre maligna que puede ser vista tanto como proyección de los celos de la niña[11], como imagen de esa otra cara de los complejos paterno-filiales, o sea, la parte

11. Esto lo explica Bettelheim de la siguiente manera: «Si un niño no puede permitirse el experimentar celos de un progenitor (cosa que amenaza su seguridad), proyecta sus propios sentimientos en este mismo progenitor. Entonces, la idea de "estoy celoso de todos los privilegios y prerrogativas de mi madre" se convierte en el sueño dorado de: "Mi

de los padres que siente celos de la evolución de sus hijos y de la posibilidad de ser en su día sustituidos por estos[12].

La figura materna, como hemos señalado, es representada de forma conflictiva en el relato de Adriana, en estrecha relación con el ambiente edípico previamente mencionado. En el texto, la madre aparece como una figura que rechaza a su hija, llegando a adoptar actitudes que rozan, e incluso pueden considerarse, abusivas.

Junto a la figura materna, y en una suerte de simbiosis simbólica, se encuentra el personaje de Josefa, quien puede ser interpretada como su sombra, en el sentido jungiano del término: una proyección de aquellos aspectos reprimidos o intensificados de la personalidad de la madre. Su irrupción en el texto, vestida de negro, activa una potente carga simbólica asociada al luto y a la feminidad en el mundo rural o provinciano, y nos remite de forma casi inmediata al imaginario de la España negra, tal como lo han representado Regoyos, Gutiérrez Solana o Lorca –particularmente en *La casa de Bernarda Alba*, donde el blanco y negro condensan una atmósfera de represión y clausura[13]. En este marco estético y

---

madre siente celos de mí". El sentimiento de inferioridad se transforma, por reacción defensiva, en un sentimiento de superioridad» (1986: 285).

12. Esto dice Bettelheim sobre los celos maternos: «El miedo de la reina a que Blancanieves la supere es el tema central del cuento de hadas, que lleva erróneamente el nombre de la niña, al igual que el mito de Edipo» (1986: 273). También dice: «El cuento de hadas permite que el niño comprenda que él no es el único que está celoso de su padre, puesto que éste puede tener sentimientos semejantes» (273).

13. Allen Josephs y Juan Caballero señalan en la edición de Cátedra de *Bernarda Alba* que a diferencia de otras obras de Lorca, en esta pieza teatral no hay una visión colorista en absoluto de Andalucía: »No hay color en *Bernarda Alba,* solo hay blancos y negros... Blanco y negro, una perfecta estilización no realista de Andalucía, muros blancos; vestidos negros; el patio que hay que blanquear después que se marchen los

simbólico, Josefa encarna una exacerbación del autoritarismo, el fanatismo religioso y la represión emocional que ya estaban presentes en la madre, amplificando así las tensiones generacionales y de género que articulan el núcleo del conflicto narrativo.

Josefa es un personaje del que se nos ofrece escasa información: no tiene apellido, familia, hogar de origen ni un destino definido. Solo se menciona un dato sórdido –el hecho de que su marido, un hombre alcoholizado (dipsómano, al igual que el padre de Adriana), la obligaba a prostituirse– que refuerza el carácter marginal y oscuro que se le atribuye. Esta falta de concreción contribuye a acentuar su función actancial en el relato; es decir, resalta su papel como antagonista respecto a la protagonista y a su padre. En este sentido, Josefa se configura como una figura de villana, cuya presencia remite a los arquetipos femeninos malignos de los cuentos de hadas –madrastras, brujas–, que actúan en contra del desarrollo o la protección de la heroína.

---

hombres que lo han ensuciado; el vestido verde de Adela que solo puede teñirse de negro; la blancura que Adela no quiere perder dentro de «estas habitaciones» que también son blancas; el traje negro de moaré de María Josefa y su gargantilla de perlas blancas; las sábanas blancas del ajuar; los ojos negros… la celebración de luto y de paredes blancas es más obsesiva aquí que la del cuchillo en *Bodas de sangre*» (García Lorca 1996: 75-76). De hecho, esa inundación de lo negro de esta obra lorquiana se expresa intensamente en estas palabras de la necrófila Bernarda al final de la obra: «Nos hundiremos todas en un mar de luto» (1996: 199).

Josephs y Caballero citan un texto del propio Lorca sobre las personas que dieron origen a su obra, en el que el poeta alude claramente a la oscuridad y la sombra: «[...] las veía pasar como sombras, siempre silenciosas y siempre de negro vestidas [...] Era un infierno mudo y frío en ese sol africano, sepultura de gente viva bajo la férula inflexible de cancerbero oscuro» (García Lorca 1996: 90).

En un momento determinado del relato, Josefa asume parcialmente la educación de la protagonista, especialmente durante el periodo de preparación para la primera comunión. En este contexto, su vínculo con la hija adquiere una intensidad mayor que el de la madre biológica, hasta el punto de ocupar de manera más activa el lugar materno dentro de la estructura del texto. Sin embargo, se trata de una figura materna simbólicamente distorsionada: aunque desempeña funciones propias de la maternidad –como la transmisión de normas, la orientación religiosa o la vigilancia moral–, lo hace desde una posición autoritaria, represiva y desprovista de afecto. Esta ambivalencia contribuye a configurar a Josefa como una presencia inquietante, que subvierte las expectativas asociadas tradicionalmente al rol materno y refuerza la atmósfera opresiva del relato.

En cierto sentido, el relato presenta un desdoblamiento de la función materna entre la madre biológica y su sombra, es decir, el personaje sórdido de Josefa. Esta escisión permite que los aspectos más oscuros y amenazantes asociados a la maternidad –la represión, el control, la crueldad– se encarnen en una figura secundaria, sin que recaigan directamente sobre la madre de la protagonista. Se produce así un desplazamiento simbólico que recuerda, aunque no de forma idéntica, el mecanismo descrito por Bruno Bettelheim en su análisis de los cuentos de hadas, donde las figuras de las madrastras cumplen la función de contener las proyecciones negativas del niño sobre la madre, preservando así una imagen idealizada de esta última. En el caso que nos ocupa, Josefa concentra los elementos más inquietantes de la maternidad, funcionando como un contenedor simbólico de sus aspectos destructivos, lo que permite al relato ofrecer una visión más matizada y ambigua de la figura materna:

> En la fantasía edípica de una chica, la madre se disocia en dos figuras. La madre pre-edípica, buena y maravillosa, y la madrastra edípica, cruel y malvada. … La madre buena, tal como nos la presenta la fantasía, es incapaz de sentir celos de su hija y de impedir que el príncipe (el padre) y la chica vivan felices. De este modo, la confianza de la muchacha en la bondad de la madre pre-edípica, y la fidelidad que celosamente le guarda, disminuyen los sentimientos de culpabilidad que experimenta frente a lo que desea que le ocurra a la madre (madrastra) que se interpone en su camino (1986: 162).

El texto de García Morales no presenta exactamente a la madre de Adriana como una madre pre-edípica; no es una madre idealizada ni bondadosa, ni a Josefa como una madrastra edípica en el sentido tradicional. Sin embargo, existen reminiscencias de estos arquetipos, ya que, aunque Josefa no ocupa el rol de madrastra, ejerce una crueldad sobre la niña que no se observa en la madre biológica, quien, si bien convencional y distante, no llega a ser tan torturadora como la figura de la sirvienta y confidente. Es importante señalar que *El Sur* no es un cuento de hadas, y aunque no se repiten estas características de manera exacta, sí podemos encontrar ecos de los conflictos elementales presentes en dichos relatos.

Josefa no es una bruja con ojos rojos y una gran nariz, ni una madrastra que se casa con el padre tras la muerte de la madre bondadosa. Sin embargo, la propia protagonista la llama «bruja», precisamente en un momento en que discuten sobre el afecto que ella siente por su madre. Esta designación no es fortuita, sino que subraya el vínculo simbólico entre Josefa y las figuras malignas de los cuentos de hadas, aunque en un sentido más ambiguo y complejo. Aunque Josefa no encarna los estereotipos típicos de la madrastra o la bruja, su crueldad y su papel en la vida de la niña evocan aspectos de estas figuras arquetípicas, sirviendo como una especie de «antimadre» que contrasta con la madre convencionalmente distante, pero no directamente malévola:

> «¡No! ¡No la quiero!», –recuerdo que respondí apretando los dientes– ¡No la quiero, porque ella tampoco me quiere a mí! ¡Y a ti tampoco te quiero, bruja!». Y esta palabra «bruja» dirigida a aquella mujer solemne y venerada como a una santa, me producía al pronunciarla un efecto indescriptible (20-21).

En el personaje de Josefa se observa una cierta exageración en su maldad, que se acerca a lo que podríamos entender como una distorsión expresiva; no tanto por lo que se dice de ella, sino por lo que se omite. A diferencia de lo que podría esperarse en una narrativa naturalista, donde se nos ofrece una ficha detallada del personaje, en este caso se nos dice muy poco sobre Josefa y lo que se menciona está teñido de oscuridad. Este vacío, junto con la información sombría que se proporciona, aproxima al personaje a los arquetipos maternos presentes en los cuentos populares. Sibylle Birkhäuser-Oeri sintetiza bien esta idea de exageración en el contexto de los relatos de hadas, especialmente en lo que respecta a las representaciones de lo materno:

> Lo que nos llama especialmente la atención al estudiar esas figuras es lo mucho que se diferencian de las madres reales. A menudo poseen rasgos sobre o infrahumanos. Suelen ser mejores o peores que la madre humana media, y su aspecto también es diferente (2010: 19).

De esta manera, la figura de Josefa, al igual que otras representaciones maternas presentes en los cuentos populares, se aleja de la realidad y se convierte en una proyección simbólica de los extremos de la maternidad, acentuando la ambigüedad y el carácter inquietante de su presencia. En el personaje de Josefa, se percibe una cierta exageración expresiva –hasta de tintes expresionistas– en su maldad, lo que refuerza su rol como una figura materna distorsionada. Esta intensificación de sus rasgos malvados no solo la coloca en un lugar simbólicamente oscuro, sino que también subraya la complejidad de su papel en el relato, donde la maternidad es llevada al extremo.

Josefa, pues, es una figura femenina siniestra, oscura, perteneciente al mundo de las sombras, de lo reprimido, que puede ser el equivalente de la bruja, la madrastra u otras figuras monstruosas que aparecen en los mitos y los cuentos de hadas[14].

Estas figuras son destructivas y voraces, y el siguiente paso lleva a preguntarse por el sentido de tal voracidad. Esta

14. Como ya hemos señalado, Josefa sería una heredera de las formas nefastas de lo materno en particular, y de lo destructivo en general. Sin embargo, lo materno, en las narrativas populares simbólicas, se presenta en una ambigüedad intrincada y rica. En este sentido, resulta útil considerar las palabras de Jung: «Todos los símbolos pueden tener un sentido positivo, favorable, o un sentido negativo, nefasto. Un aspecto ambivalente es la diosa del destino (parcas, gráceas, nornas); uno nefasto, la bruja, el dragón (todo animal que devora o envuelve a sus víctimas en un abrazo, como un gran pez o la serpiente, la tumba, el sarcófago, la profundidad de las aguas, la muerte, el fantasma nocturno y el cuco (tipo Empusa, Lilith, etcétera)» (1970: 75). Más adelante en este mismo texto, Jung continúa con la enumeración: «la autoridad mágica de lo femenino, la sabiduría y la altura espiritual que está más allá del entendimiento; lo bondadoso, protector, sustentador, dispensador de crecimiento, fertilidad y alimento; los sitios de la transformación mágica, del renacimiento; el impulso o instinto benéficos; lo secreto, lo oculto, lo sombrío, el abismo, el mundo de los muertos, lo que devora, seduce y envenena, lo que provoca miedo y no permite evasión» (75).

simboliza los daños que se producen en el ámbito privado: las torturas que se manifiestan en los malos tratos físicos y los castigos –como el aislamiento en habitaciones–, pero también en la dominación mental y la culpa. Se trata de un relato condensado que, en breves líneas y secuencias, dice mucho. A través de los breves pasajes que relacionan directamente a la oscura sirvienta y a la niña, se sintetiza con gran intensidad la forma en que se crean sujetos culpables y dominados (con más severidad si estos sujetos son mujeres). Esto se agudiza aún más en *El Sur*, debido al contexto nacional-católico en el que se sitúa la acción.

## IV

Pasamos, en las siguientes líneas, a través de una pirueta que puede parecer arriesgada, del plano simbólico, de lo transhistórico, a lo concreto, a lo histórico. Hasta ahora hemos hablado de figuras de dominación simbólica, como la bruja, cuya voracidad sobre los niños no debe leerse como un simple motivo fantástico, sino como la condensación de violencias reales. Esa voracidad representa concretamente el daño ejercido por el poder –y su consecuencia directa, la dominación– sobre los cuerpos y las subjetividades. En este sentido, lo que se pone en juego en las relaciones edípicas y paraedípicas que he mencionado no es otra cosa que el efecto estructural de esas relaciones de poder sobre una niña: la formación de un sujeto sometido, culpabilizado y vigilado.

En dichos pasajes se ejecuta el poder cotidiano, ese que forma sujetos sometidos en todas las áreas de la vida; un poder que se extiende como una densa red por todos los rincones y que se manifiesta de formas muy diversas, entre las cuales la familia ocupa un lugar privilegiado[15]. Este poder, como dice Foucault, no responde solamente «a la forma de prohibición y castigo» (1992: 170). Efectivamente, el poder también interpela al sujeto a que actúe, a que haga cosas. No solo le dice «no hagas», sino que le pide que actúe, que hable, que se confiese. Así, la mujer mayor le pregunta a la niña con una insistencia morbosa por qué ha agredido a Mari Nieves: «Insistía en recordarme los pecados que yo tendría que confesar antes de comulgar por primera vez. "¿Tú deseabas matar a Mari Nieves? ¿Sabías que se podía quemar viva?"» (20).

No se trata de callar a la niña. Se trata de que la niña «diga la verdad» y «limpie el error», pero, en el fondo, estamos ante un caso significativo de sometimiento, de sujeción. Estos pasajes de la novela pueden entenderse como una confesión en el sentido amplio del término, en la forma en que lo entiende Foucault: como una actividad fundamental para la producción de sujetos, en el doble sentido del término «sujeto»: como persona que se somete y se sujeta, y como persona que habla[16].

15. Dice Michel Foucault: «el poder es extensivo al cuerpo social; no existen, entre las mallas de su red, playas de libertades elementales», y más adelante señala que «las relaciones de poder están imbricadas en otros tipos de relación (de producción, de alianza, de familia, de sexualidad), donde juegan a la vez un papel condicionante y condicionado» (1992: 170).

16. Sobre la confesión entendida en sentido amplio dice Foucault: «La obligación de confesar nos llega ahora desde tantos puntos diferentes, está ya tan profundamente incorporada a nosotros que no la percibimos más como efecto de un poder que nos constriñe; al contrario, nos parece que la verdad, en lo más secreto de nosotros mismos, solo "pide" salir a la luz; que si no lo hace es porque una coerción la retiene, porque la violencia de un poder pesa sobre ella, y no podrá articularse al fin sino al precio de una especie de liberación. La confesión manumite, el poder reduce al silencio; la verdad no pertenece al orden del poder y en cambio posee un parentesco originario con la libertad: otros tantos temas tradicionales en la filosofía, a los que una "historia política de la verdad" debería dar vuelta mostrando

Se sujeta al sujeto a través de la interiorización de la culpa, haciéndole verse a sí mismo como un monstruo que debe reprimir, controlar y castigar:

> Solo tu presencia me ayudaba a reconciliarme con aquel monstruo que ya veía yo aparecer en mi interior ante la mirada de mamá. Ella era como un espejo donde únicamente podía reflejarse aquella imagen espantosa en la que yo empezaba a creer y de la que tú tenías el poder de rescatarme. [...]
> En la voz de mamá me oí llamar «monstruo» y percibí el temor con que ella contemplaba lo que, según decía, yo iba a llegar a ser. Me sabía mala en la mirada inquisitiva de Josefa y en el rostro de Agustina cuando, después de un castigo, me traía la merienda o un vaso de leche antes de dormir (17).

Adriana ha sentido la necesidad de quitar de en medio a otra niña, Mari Nieves, quien representa todo lo rechazado tanto por el punto de vista implícito del texto como por la propia narradora. Más que matar, la niña ha pretendido apartar aquello que le estorba; ha actuado movida por una rabieta contra una figura dominante. La madre y Josefa solo conciben el castigo y la tortura inquisitorial como solución. La energía agresiva de Adriana, sin embargo, es reconducida en esta ocasión por el padre a través del afecto, la palabra

---

que la verdad no es libre por naturaleza, ni siervo el error, sino que su producción está toda entera atravesada por relaciones de poder. La confesión es un ejemplo» (1992: 76). Más adelante dice sobre este arte de escudriñar en las mentes: «Inmensa obra a la cual Occidente sometió a generaciones a fin de producir -mientras que otras formas de trabajo aseguraban la acumulación del capital- la sujeción de los hombres; quiero decir: su constitución como "sujetos", en los dos sentidos de la palabra». (1992: 76-77) y la comprensión. Lo que buscan la madre y, sobre todo, Josefa –como *alter ego* oscuro de la primera– es que la niña interiorice esa energía y la vuelva contra sí misma.

Esto puede ponerse en diálogo con un pasaje de *La genealogía de la moral*, en el que se afirma que la moral hace que los sujetos reviertan dentro de sí, en forma autodestructiva, la energía que no se les ha permitido exteriorizar, transformándola en culpa[17]. Adriana exterioriza en dos ocasiones sus impulsos salvajes y primitivos contra una niña que intenta someterla e insulta a su padre[18], dichos instintos son comprensibles, humanos y no tan terribles cuando no se encuentran encerrados con cerrojos, porque la bestia también tiene legitimidad, tal y como aparece en el discurso implícito del relato[19]; por ello, para reconducirlos de manera

17. Dice Nietzsche en *Genealogía de la moral*: «Todos los instintos que no se desahogan hacia fuera *se vuelven hacia dentro* –esto es lo que yo llamo la *interiorización* del hombre: únicamente con esto se desarrolla en él lo que más tarde se denomina su "alma". Todo el mundo interior, originariamente delgado, como encerrado entre dos pieles, fue separándose y creciendo, fue adquiriendo profundidad, anchura, altura, en la medida en que el desahogo del hombre hacia fuera fue quedando *inhibido*. Aquellos terribles bastiones con que la organización estatal se protegía contra los viejos instintos de la libertad –las penas sobre todo cuentan entre tales bastiones– hicieron que todos aquellos instintos del hombre salvaje, libre, vagabundo, diesen vuelta atrás, se volviesen *contra el hombre mismo*. La enemistad, la crueldad, el placer en la persecución, en la agresión, en el cambio, en la destrucción –todo eso vuelto contra el poseedor de tales instintos: ese es el origen de la "mala conciencia"» (1987: 96).

18. La propia narradora nos dice que no es un instinto asesino el que la mueve cuando ataca a la otra niña: «Ante aquella posibilidad que ella me recordaba cada día, yo misma me llenaba de espanto, imaginando a la pobre niña muriendo entre las llamas, cosa que, desde luego, jamás desee» (20).

19. Vienen a la memoria estos versos de Bergamín «La tenebrosa sangre, el ciego instinto, / es ángel puro, es inocente bestia, / que huyendo de sí misma, como el viento / o el agua, es de sí misma prisionera» (1983: 177).

no opresiva, no basta con la simple culpa y represión. La forma en que Josefa intenta reconducir esa agresividad no es a través del discurso persuasivo, como lo hace el padre, sino mediante su interiorización y su redirección hacia el propio sujeto. De hecho, el trabajo de la mujer vestida de negro sobre Adriana no consiste tanto en prohibir, castigar físicamente o encerrar a la niña; se trata más bien de crear un sujeto sufriente que se dañe a sí mismo[20]. Un sujeto sufriente que se corresponde bien con la idea de lo que una niña debería ser en la España franquista. La envenena con ideas religiosas y con la culpa vinculada a ellas, con las nociones de lo que se esperaba de una niña correcta y sumisa.

La niña actúa, en parte, como lo que le corresponde a su edad: una pequeña salvaje, una pequeña primitiva, con un deseo profundo y, en el fondo, inofensivo. Esto se corresponde bastante bien con lo que dice Jung sobre el deseo infantil:

> En lo inconsciente estos deseos e intenciones adquieren una forma más concreta y drástica, los niños son pequeños hombres primitivos y por ello están prestos a matar; tanto más fácil le resulta esta idea a lo inconsciente, que suele expresarse drásticamente. Al igual que por regla general el niño es en el fondo inofensivo, este deseo, aparentemente peligroso, es también por regla general inofensivo (2000: 149).

La introyección de la energía salvaje en Adriana como culpa es simplemente un ejercicio sádico por parte de Josefa, quien odia la vida –quizás por su pasado– y no aporta

20. Cito a Nietzsche en *Genealogía de la moral*; refiriéndose a la mala conciencia dice: «pero con ella se había introducido la dolencia más grande, la más siniestra, una dolencia de la que la humanidad no se ha curado hasta hoy, el sufrimiento del hombre *por el hombre, por sí mismo:...*» (1987: 97).

nada al sujeto que la sufre. Podríamos repetir el aforismo de Nietzsche: «El remordimiento es, como la mordedura de un perro a una piedra, una estupidez» (2014: 185).

## V

El control de Adriana se ejerce en nombre de unos valores morales que remiten a la oposición entre el bien y el mal, es decir, a un combate sin matices entre la luz y la sombra. Josefa y la madre creen en buenos y malos; esta dicotomía aparece varias veces a lo largo del relato:

> Y no solo me sentía hermanada contigo en aquella actividad [...] sino también en aquello otro que teníamos en común: el mal. Porque tú, para los ojos de aquellas otras personas de la casa y de sus visitantes, eras un ser extraño, diferente, al que se le había condenado, y por eso había que rezar para tratar de salvar al menos su alma. Y yo, de alguna manera también pertenecía a esa clase de seres. En la voz de mamá me oí llamar «monstruo» [...] Me sabía mala en la mirada inquisitiva de Josefa y en rostro de Agustina [...] (16-17).

Ella ataca y lanza precisamente a Mari Nieves contra la chumbera porque ha llamado a su padre «ateo y malo» (23), una expresión que se contrapone a la palabra «santa» (5), con la que la madre define a Josefa. En nombre del bien y de la divinidad se cercena la vitalidad y la voluntad de la pequeña. La moral de los buenos y los malos se vuelve contra la vida, tal como señala Nietzsche, en un sentido que Germán Cano explica en la siguiente cita:

> Moral, en una palabra, es toda problematización que, insatisfecha con la ambivalencia esencial de la vida, pretende

> infructuosamente escapar de ella al abrigo de un mundo ideal. Por medio de este desdoblamiento ficticio y real entre lo real y lo ideal, la imperfección de la existencia resulta sublimada hacia otro nivel del ser, con una grave consecuencia, la culpa de la vida. La tarea de Nietzsche va a consistir en criticar todos los planteamientos filosóficos que, aspirando a un sentido último o finalidad de la existencia, arrojan una sombra de culpabilidad sobre la vida (2014: XLII)[21].

Aunque Nietzsche emplea el término «nihilismo» en diversas acepciones, podemos afirmar que a esta niña se la daña en nombre de un nihilismo que niega la vitalidad. En este caso, la negación se realiza a través de un dualismo que apunta hacia un mundo superior, un rechazo de la vida en nombre de lo celestial, que, paradójicamente, engendra el infierno en la tierra.

La instrucción de Josefa en la comunión está colmada de un «tú debes», sin dejar espacio al «yo quiero». Josefa es un personaje del que no se revela nada que sugiera vitalidad, salvo su interés en destruir la de los demás. De su pasado, solo conocemos el sórdido detalle de un marido alcohólico que la obligaba a prostituirse.

La empatía de la narradora, y por extensión, la del texto, se dirige hacia la tía Delia. Frente a la madre y Josefa, ella es, en cierto modo, el hada, el ayudante según los términos de Propp. Amable y cálida como *El Sur*, se dice de ella que no entiende de «malos y buenos» (31).

21. Cito al propio Nietsche en *Más allá del bien y del mal* cuando establece los tres peldaños de la crueldad religiosa, de la moral que sería el segundo, dice lo siguiente: «Después en la época moral de la humanidad, la gente sacrificaba a su dios los instintos más fuertes que poseía, la "naturaleza" propia; [...]» (1986: 80).

Con pocas palabras, casi sin diálogos y mediante una serie limitada de situaciones, esta novela corta nos relata el proceso mediante el cual la luz de la moral del bien y el mal violenta la ambigüedad de la vida, lo misterioso, la oscuridad. A continuación, veremos cómo Rafael y Adriana son melancólicos, saturninos (el dios de la melancolía es Saturno), y por ello, paradójicos y ambiguos[22]; su ambigüedad es pagana y distinta de la escisión cristiana, en la que existe un Dios exclusivamente bueno y un demonio que se localiza en el ser humano, según un proceso que Jung explica de la siguiente manera:

> [...] el brillo de la divinidad celeste y bondadosa se ha elevado hacia lo infinito, mientras que lo oscuro, que debía ser representado por el diablo, se ha localizado en el hombre. Este peculiar desarrollo fue provocado fundamentalmente al querer el cristianismo, asustado por el dualismo maniqueo, salvaguardar con toda energía su monoteísmo. Pero como no se podía negar la

22. Esto le dice la voz poética de un poema de Friedrich Hölderlin a Júpiter –divinidad del rayo, de la luz y de la razón– sobre Saturno:

> Pero cuentan los poetas que confinaste al abismo
> al antiguo Padre, tu propio padre.
> y que desde hace mucho, en el fondo del abismo
> donde tu ley aprisiona a los rebeldes,
>
> gime el inocente dios de la edad de oro.
> Libre de toda inquietud, fue más grande que tú,
> sin necesidad de dictar ley alguna,
> sin que los mortales supiesen siquiera su nombre.
>
> ¡Baja de tu cielo o reconoce tus faltas!
> Si quieres conservar tu trono, venera
> al dios más antiguo y soporta que o los vates
> lo nombren antes que a todos, hombre o dioses (1995: 199).

> realidad de lo oscuro y malo, no quedó otra solución que hacer responsable de ello al hombre. El diablo fue casi suprimido y hasta se llegó a suprimirlo totalmente, con lo cual esta figura metafísica, que antes constituía una parte integral de la divinidad fue introyectada en el hombre (1970: 95-96).

Al acusar a Adriana de hacerle el mal a Mari Nieves, no solo se busca castigar o prevenir, sino que se le asigna la culpa de ser el mal en sí misma, obligándola a internalizar esa identidad.

Al abordar la oposición bien-mal, *El Sur* se orienta estratégicamente hacia lo que podríamos llamar la dualidad de las dualidades. Esta dicotomía constituye, quizá, la forma más evidente de establecer jerarquías entre lo central y lo periférico, lo normativo y lo desviado.

Como ha señalado Jacques Derrida, la construcción de oposiciones binarias ha sido una de las estructuras fundamentales del pensamiento occidental: un pensamiento lógico, fálico, falogocéntrico, producto de una sociedad patriarcal que ha instituido lo que Hélène Cixous denomina «oposiciones duales jerarquizadas» (1995: 14).

¿Y qué jerarquía resulta más tajante que la que enfrenta al Bien con el Mal? Una oposición tan contundente y dicotómica como la que separa la luz de la sombra.

Luz como principio de actividad; sombra y oscuridad como símbolos de quietud, de introspección, de aquello que se identifica con lo pasivo. Esta contraposición no es neutra: remite a una estructura simbólica que opone el principio activo –tradicionalmente masculino– al principio pasivo –asociado históricamente a lo femenino. No es casual que, en el texto de García Morales, toda la fuerza represiva se ejerza sobre una niña. La energía que se busca controlar es precisamente la de una niña que ha agredido a otra, en un arrebato que las figuras adultas, la madre y Josefa, interpretan como una forma de locura, de desviación del comportamiento esperado.

Pero más allá del juicio moral, lo que esa niña encarna es un principio activo: una fuerza salvaje, una resistencia visceral que resulta profundamente incómoda, incluso inaceptable, en el cuerpo de una mujer –y más aún, en el de una niña– dentro del rígido marco social de los años cincuenta. Su comportamiento rompe con el ideal femenino de sumisión y docilidad; es, en sí mismo, un acto de transgresión.

Puede parecer llamativo que sean dos mujeres –la madre y Josefa– quienes ejerzan la represión y busquen reeducar a la niña. Sin embargo, la cuestión no se reduce a una oposición entre hombres y mujeres, sino que debe entenderse en términos de portadores de discurso. La lógica falogocéntrica, como advierte Hélène Cixous, no es exclusiva de los varones: también puede ser asumida, reproducida y encarnada por mujeres.

Cixous lo expresa con claridad: «Utilizo con sumo cuidado los calificativos de la diferencia sexual a fin de evitar la confusión hombre/masculino, mujer/femenino: pues hay hombres que no reprimen su feminidad, [y] mujeres que inscriben más o menos fuertemente su masculinidad» (1995: 38). En este sentido, la madre y Josefa no actúan como simples representantes del género femenino, sino como sujetas inscritas en un sistema simbólico que privilegia el orden, la contención, la obediencia: en definitiva, el discurso dominante.

La represión ejercida por mujeres sobre otras mujeres –en este caso, sobre una niña– no debe entenderse como una contradicción, sino como una expresión más de las relaciones de poder patriarcales. Como bien señala Hélène Cixous, el patriarcado ha logrado infiltrar sus lógicas de dominación incluso en los vínculos entre mujeres, convirtiéndolas en agentes involuntarios de su propia opresión. «Ellos han cometido el peor crimen contra las mujeres: las han arrastrado, insidiosa, violentamente, a odiar a las mujeres, a ser sus propias enemigas, a movilizar su inmenso poder contra sí mismas, a ser las ejecutoras del viril trabajo» (1995: 23). Así, la madre y Josefa no actúan únicamente desde sus roles individuales, sino como transmisoras de un discurso interiorizado que legitima el castigo, la domesticación del deseo, la censura del impulso vital –sobre todo cuando este se manifiesta en una niña que desafía el modelo de feminidad dócil, pasiva y silenciosa.

En *El Sur*, los personajes que encarnan esa alteridad son justamente quienes resultan excluidos o considerados «raros»: Adriana, que cumple con la doble condición de ser niña y mujer, y su padre, una figura que participa de lo profético y lo desquiciado. Ambos son personajes excéntricos –la palabra lo expresa con exactitud–: se sitúan fuera del centro, lejos de la norma, y precisamente por eso poseen una sensibilidad que les permite ver lo que los demás no pueden o no quieren ver. En su marginalidad radica una forma de lucidez, una resistencia silenciosa frente al orden que intenta disciplinarlos.

Adriana experimenta la figura de su padre como una oposición directa a las figuras maternales que intentan someterla. Frente al control, la vigilancia y la represión que encarnan la madre y Josefa, el padre aparece inicialmente como una figura liberadora, como aquel que podría rescatarla de la clausura simbólica e identitaria que imponen las mujeres adultas. En esta etapa, él representa una forma de escape, una promesa de afecto y comprensión.

Sin embargo, con el paso del tiempo, esa imagen idealizada comienza a resquebrajarse. El padre no es el ser perfecto que ella había proyectado, sino un sujeto complejo, contradictorio, lleno de defectos y, en ocasiones, capaz de ejercer un poder absoluto, incluso violento. Así, la figura paterna, que en un principio parecía alternativa al poder represivo de lo materno, se revela como otra forma –más sutil pero igualmente contundente– de autoridad patriarcal.

Pero no le bastará ser la sombra del padre. Aunque la tentación de ocupar ese lugar –el de quien permanece cercana, casi espectral, orbitando alrededor de su figura– es intensa, al final la narradora opta por irse: abandona Sevilla y también la casa del Norte, ese espacio de muerte y dolor donde ha escrito la carta a su progenitor. Renuncia, así, al papel pasivo de testigo silenciosa, de presencia apagada.

La propia narradora se interroga sobre esa pulsión de permanecer como sombra, en una escena cargada de ambigüedad afectiva: al preguntarse por qué le escribe una nota a su hermanastro confesándole que también lo ama, responde: «Quizás me impulsara el deseo de permanecer entre ellos, sumida en aquella atmósfera de encantamiento que les envolvía, aunque solo fuera como la sombra de alguien que se ha ido» (52). Esa sombra, sin embargo, no es el lugar donde decide quedarse. Su alejamiento implica una toma de distancia simbólica, una ruptura con el encantamiento, con la mitología familiar, con el poder del padre. Al irse, comienza no solo a descubrir, sino también a escribir: a construir una voz propia, no ya definida por la cercanía al padre o por la pertenencia a una estructura familiar, sino por una necesidad íntima de comprender y narrar su experiencia. La escritura se convierte, entonces, en el espacio donde puede empezar a ser ella misma, más allá de las sombras que la rodeaban.

Precisamente, lo que el relato nos muestra es que, con el paso del tiempo, Adriana descubre que su padre no es más que una sombra del príncipe idealizado al que ella había encomendado su esperanza infantil, aquel que luchaba contra la bruja. A medida que crece, se da cuenta de que la figura paternal, antes vista como salvadora, es en realidad una imagen difusa, imperfecta y humana.

En este contexto, retomando la cita de Hölderlin («¿Qué podemos amar que no sea una sombra?»), podemos añadir un matiz neoplatónico a su significado: «Todo en este mundo es sombra de los ideales que hemos tenido en la infancia». La sombra, entonces, no es solo una metáfora de lo ausente o lo perdido, sino de los ideales primigenios que, al enfrentar la realidad, se desvanecen, convirtiéndose en una huella de lo que alguna vez fue.

Pero antes de llegar a ese punto de desencanto, Adriana se identifica con su padre en su pertenencia a un mundo oscuro, en su vínculo con lo que se percibe como el mal. Tal como ella misma expresa: «Y no solo me sentía hermanada contigo en aquella actividad… sino también en aquello otro que teníamos en común: el mal» (16). Esta identificación con el mal evoca pasajes de *Demian* de Hermann Hesse, especialmente aquellos donde la influencia nietzscheana en el autor se vuelve más evidente.

En *Demian*, el protagonista reflexiona sobre la tradicional preferencia cristiana por Abel, el hermano virtuoso, mientras simpatiza con la figura de Caín, el hermano malvado. En este contexto, Demian se convierte en un defensor de los «cainitas», aquellos que desafían el orden establecido, que no temen abrazar el «mal» en su lucha por la autenticidad. La identificación de Adriana con su padre, y su posterior vínculo con la oscuridad, resuena con esta propuesta: ella se reconoce en la transgresión, en el rechazo a los valores impuestos, y en la potencia de lo que tradicionalmente se ha considerado negativo, pero que, desde una perspectiva más libre, puede adquirir una forma de poder y resistencia:

> Las historias antiguas siempre son verdaderas, pero no siempre tienen la fortuna de ser contadas como en

> verdad sucedieron las cosas. Yo creo firmemente que Caín fue un gran hombre, y que la historia que hicieron en torno suyo, fue porque muchos le temían. Seguramente todo comenzó como un chisme, como un rumor; lo único verdadero era el estigma que Caín y sus hijos llevaban, algo que los hacía diferentes a los demás[23] (2008: 51).

Vemos cómo las características del gran hombre se asocian al mal, entendido en el contexto de lo que el temor de los moralistas, los «débilmente buenos», ha denominado como «el mal». Adriana, que percibe que ella y su padre están por encima de la vulgaridad provinciana en la que viven, se identifica, como hemos señalado, con el mal. Así, la confrontación entre la excepcionalidad y la gente vulgar se convierte en una confrontación con la moral establecida, con los valores comunes que buscan mantener el orden y la uniformidad.

En las líneas que siguen, al explorar la melancolía, retomaremos y desarrollaremos ese desprecio por la medianía, esa aversión hacia la mediocridad que juega un papel tan importante en *El Sur*. La mediocridad, representada por la moral convencional y el conformismo de la mayoría, se enfrenta a la singularidad y la intensidad de los que se consideran fuera de la norma, aquellos que no temen desafiar la estructura moral establecida.

23. Cito directamente a Nietzsche en *Más allá del bien y del mal*: «En todos los lugares en que la moral de esclavos consigue la preponderancia, el idioma muestra una tendencia a aproximar entre sí las palabras «bueno» y «estúpido» (1986: 226).

# V
# La doble cara de la sombra: la melancolía en Adelaida García Morales

## I

La sombra, en la psicología analítica de Carl Gustav Jung, no es simplemente una entidad maligna que deba ser rechazada o eliminada. Es, más bien, una zona oscura del yo que debe ser reconocida e integrada. Si se reprime, si se niega sistemáticamente, puede convertirse –según Jung– en un «gas pérfido», una fuerza destructiva que actúa desde el inconsciente. La elevación del individuo no se alcanza a través de la negación de la sombra, sino mediante la aceptación de su complejidad: solo la complementariedad entre luz y sombra, y no una polaridad rígida que divida el centro luminoso de la periferia oscura, permite un crecimiento verdadero.

Ahora bien, en *El Sur* de Adelaida García Morales, esta relación entre luz y sombra no se da de manera armónica. Lejos de una integración equilibrada, lo que se representa en el texto es un juego de contrastes problemáticos, trágicos, sin resolución. No hay síntesis reconciliadora, sino tensión constante. La luz y la sombra no se complementan: se enfrentan, se mezclan, se desdibujan mutuamente.

Incluso en Sevilla, la ciudad de la luz, este conflicto se manifiesta con intensidad. La ciudad natal del padre de Adriana, lejos de representarse como un espacio de luminosidad simple o ingenuamente solar, está cargada de ambigüedad. El sur que da título al relato no es solo calor y claridad: su belleza también reside en lo oculto, en la penumbra, en el tiempo. Es «el secreto» de sus piedras, la sombra de sus barrios, y la historia sedimentada en sus materiales. El sur, entonces, no es una metáfora de lo luminoso en estado puro, sino un espacio en el que las luces y las sombras se entretejen de manera densa, contradictoria, profundamente humana:

> Cuando, al día siguiente, llegué a Sevilla, supe que si tú te hubieras quedado vagando por algún lugar de este mundo sería en aquella ciudad, hecha de piedras vivientes, de palpitaciones secretas. Había en ella un algo humano, una respiración, un hondo suspiro contenido. Y los habitantes que albergaba parecían emanados de ella, modelados por sus manos milenarias. En un barrio umbrío donde los cegadores rayos del sol entraban tamizados por las sombras, se hallaba tu casa, construida según antigua usanza, hecha de materiales nobles y gastados por el paso de tantas vidas como te habían antecedido en ella (40).

La casa del padre, situada «en un barrio umbrío donde los cegadores rayos del sol entraban tamizados por las sombras», remite a una forma de luz filtrada, moderada, que ya no puede pensarse sin su contrapunto sombrío. Esta arquitectura emocional y simbólica –hecha «de materiales nobles y gastados por el paso de tantas vidas»– no celebra la claridad como pureza, sino que reconoce en la huella del tiempo, en la penumbra, en lo vivido y erosionado, una forma más auténtica de belleza.

Ese mismo tono –una mezcla de belleza, memoria y melancolía– se percibe en la descripción de la casa de Gloria Valle y de Miguel. Allí, la narradora capta una estética que no responde a la perfección pulida, sino a una belleza erosionada por el tiempo, cargada de historia y silencios. Miguel, «desenvuelto y acostumbrado a que los visitantes de aquella ciudad, la más bella del sur, se detuvieran a admirar su patio» (45), aparece como figura integrada en un espacio que todavía conserva un aire de esplendor. Sin embargo, ese esplendor ya es pasado: lo que permanece es una forma de ruina digna, de belleza en retirada.

La casa, vista como un lugar de «aspecto ruinoso» (45), posee una «belleza rara» (46), sin más plantas que «las malas hierbas que crecían salvajes entre las ranuras del suelo» (46). Estas hierbas salvajes, junto con las ruinas, no son meros signos de abandono: evocan, desde su sencillez, el paso del tiempo y la persistencia de lo vivo más allá del orden y la estética tradicional. Son, en este contexto, imágenes melancólicas que anuncian la muerte.

En *El Sur* lo bello no es lo intacto, sino lo gastado; lo que lleva las huellas del tiempo. La melancolía atraviesa estas descripciones como una forma de percepción más profunda de la vida: una conciencia del desgaste, de la fragilidad, pero también del misterio que persiste en lo que no ha sido del todo borrado y que permanece, silenciosamente, como sombra.

La Sevilla de *El Sur* es, así, un espacio donde la polaridad entre luz y sombra se vuelve inseparable, donde la identidad del padre se funde con una ciudad que lo contiene y lo moldea, y donde la narradora inicia también un viaje interior, no hacia una revelación absoluta, sino hacia una comprensión matizada de su origen, su deseo y su desencanto.

*El Sur* es un texto profundamente melancólico. Y la melancolía –esa antigua disposición del alma– se define por su ambivalencia: es luz y sombra, sabiduría y enfermedad. Desde la Antigüedad, se ha asociado con el dios Saturno, una figura compleja que simboliza tanto el pensamiento profundo como el peso del tiempo, la pausa, la oscuridad. En este sentido, la melancolía fue vista a menudo como un rasgo negativo para la vida activa y el equilibrio emocional, y bajo el signo de Saturno se agruparon aquellos seres que encarnaban lo marginal o lo inquietante. Como explica Erwin Panofsky:

> En su aspecto de regidor de los planetas, se tenía a Saturno por un personaje especialmente siniestro; todavía usamos la palabra «saturniano» para indicar un «temperamento lento y sombrío» según el diccionario de Oxford… Generalmente a Saturno, el más frío, el más seco y el más lento de los planetas, se le asociaba con la vejez, la pobreza vergonzante y la muerte. De hecho la Muerte, como Saturno, era representada con una guadaña o una hoz desde épocas muy tempranas. Se hacía responsable a Saturno de las inundaciones, hambres y toda clase de desastres. Los nacidos bajo sus signos eran clasificados entre los más desgraciados e indeseables de los mortales: mutilados, avaros, mendigos, criminales, campesinos, pobres, limpiadores de letrinas y sepultureros (1982: 100-101).

Se creía, en la medicina antigua, en la existencia de cuatro humores (sangre, flema, bilis amarilla y bilis negra) que determinaban los temperamentos humanos. De todos ellos, el más negativo era el humor de la melancolía, o sea, el humor negro, cuya predominancia producía en los sujetos que lo padecían toda una serie de características negativas, como la mezquindad, la cobardía, la deslealtad, la holgazanería y la tristeza, entre otras.

Esta tendencia será la dominante hasta el siglo XV con algunas notables excepciones entre las que destaca la visión ambivalente que se encuentra en el más conocido de los *Problemas* atribuido a Aristóteles[24]. Cito ampliamente el comienzo de este texto por la enorme influencia que ha tenido en la cultura occidental:

> ¿Por qué razón todos aquellos que han sido hombres de excepción, bien en lo que respecta a la filosofía, o bien a la ciencia del Estado, la poesía o las artes, resultan ser claramente melancólicos, y algunos hasta el punto de hallarse atrapados por las enfermedades provocadas por la bilis negra, tal y como explican, de entre los relatos de tema heroico, aquellos dedicados a Heracles? En efecto, este héroe parece haber sido de esta naturaleza, puesto que los antiguos denominaban a los males de los epilépticos, a partir de él, *enfermedad sagrada*. El acceso de locura dirigido contra sus hijos, así como la aparición de las úlceras justo antes de su aparición en el Etna, lo demuestran (2007: 79).

Tras el caso de Hércules, ofrece una larga lista de personajes con esta peculiaridad de aunar excelencia y exceso de

24. Esto es lo que dice Földényi sobre la atribución a Artistóteles de este texto que se sitúa en el trigésimo capítulo de los *Problemata Physica:* «Hasta el día de hoy no ha perdido su vigencia y, si bien proviene, sin la menor duda, de la pluma de Teofrasto, autor, según Diógenes Laercio, del primer (y desaparecido) libro sobre la melancolía, la opinión generalizada ha insistido desde la Antigüedad en atribuirla a Aristóteles. No cambiaremos nosotros dicha opinión» (2008: 15).

bilis negra, tales como Lisandro, Ayax, Belerofonte, Empédocles, Platón y Sócrates. A ellos también añade «a la mayoría de los que se han ocupado de la poesía» (81), con lo que se inicia el vínculo entre arte y melancolía, tan fructuoso para muy diversas producciones artísticas.

En la Edad Media se mantiene la visión peyorativa hacia la melancolía aunque según Giorgio Agambem podemos encontrar una visión ambigua en el pensamiento eclesiástico a través de la acidia. Ese mal de apatía y letargo que sufrían algunos monjes y que era objeto de crítica por parte de ciertos textos eclesiásticos. Pero tal apatía, dicen, no es pereza: «Si examinamos en efecto la interpretación que de la esencia de la acidia dan los doctores de la Iglesia, vemos que no se la pone bajo el signo de la pereza, sino el de la angustiosa tristeza y el de la desesperación» (1995: 30). Tal estado de malestar psíquico y abandono tenía ya un reverso que anticipaba la doble cara de la melancolía en el Renacimiento, pues distinguían los doctores de la Iglesia entre la tristeza mortífera y la saludable que se consideraba virtuosa y estímulo del alma, lo que lleva a concluir al mencionado filósofo italiano que «la ambigua polaridad negativa de la acidia se convierte de este modo en la levadura dialéctica capaz de convertir la privación en posesión» (1995: 34).

Según Klibansky, Panofsky y Saxl, los neoplatónicos renacentistas, con Ficino a la cabeza, funden las ideas aristotélicas sobre melancolía y genialidad con las platónicas de la locura divina; ellos crean, tras el paréntesis medieval, un ambiente nuevo «para que la melancolía de Rafael (descrita en un texto contemporáneo) pudiera considerarse condición natural de su genio; …» (1991: 240). A partir de ello se divulgó y vulgarizó esa idea de que la enfermedad y la excepcionalidad del conocimiento y la creación caminan juntas. La siguiente cita de Ficino no tiene desperdicio por la forma en que explica la fusión que su pensamiento lleva a cabo sobre este asunto:

> Baste hasta aquí con haber señalado a qué es debido a que los sacerdotes de las Musas o son melancólicos desde el principio o se tornan así a consecuencia del estudio, por razones en primer lugar celestes, en segundo lugar, naturales y en tercer lugar humanas. Así lo afirma el propio Aristóteles en el libro de los *Problemas*. Dice, en efecto, que todos los hombres que sobresalen en cualquier materia han sido melancólicos, corroborando así la opinión que expone Platón en su libro *Sobre la ciencia o Teeteto*, a saber, que todos los hombres geniales han solido ser bastante excitables y sometidos al poder del furor. (2006: 27)

En el mismo párrafo menciona también a Demócrito en cuanto a la relación del furor y el ingenio y, de nuevo, a Platón en el *Fedro* cuando afirma la necesidad del furor para que se abran las puertas de la poesía. En la siguiente cita Ficino funde lo dicho sobre la teoría aristotélica de la melancolía con el furor divino platónico: «Y aunque tal vez aquí se refiere al furor divino, con todo, según los médicos, ningún otro, salvo los melancólicos, es excitado por un furor de este género» (2006: 27).

Es perfectamente coherente que Marsilio Ficino fusione en este sentido las ideas de Platón y Aristóteles, pues en el diálogo platónico *Fedro*, entre otros, se establece claramente un vínculo entre excelencia y locura, a la que se califica de don divino y más grandioso que la cordura que procede de los hombres. El personaje de Sócrates en este texto hace una interesante aseveración etimológica para explicar que originalmente los griegos llamaron a la adivinación *maniké*, palabra que proviene de *manía* (locura). Esta enajenación divina tiene su manifestación en las artes, el poseído por las musas es el que logrará la grandeza a diferencia del que cree que la habilidad es suficiente:

> Aquel, pues, que sin la locura de las musas acude a las puertas de la poesía, persuadido de que, como por arte, va a hacerse un verdadero poeta, lo será imperfecto, y la obra que sea capaz de crear, estando en su sano juicio, quedara eclipsada por la de los inspirados y posesos (Platón 1986: 342).

El Sócrates personaje de *Ion* vuelve a la carga con el carácter arrebatado de la genialidad, aplicada en este caso a las artes, a las que relaciona siempre con un estado de descontrol en el que el creador no es dueño de su razón:

> Esto mismo le ocurre a los buenos líricos, e igual que los que caen en el delirio de los coribantes no están en sus cabales al bailar, así también los poetas líricos hacen sus bellas composiciones no cuando están serenos, sino cuando penetran en las regiones de la armonía y el ritmo poseídos por Baco [...] (Platón 1985: 257).

La medicina del Renacimiento se relacionó con la Astrología, un caso claro es el mencionado Ficino que hace, por ejemplo, varias alusiones a Saturno en relación con la melancolía; el dios de la oscuridad y la altura, el oscuro Saturno es el dios de los melancólicos, el planeta más poderoso según el filósofo y médico toscano. El planeta que «entregó a Júpiter la vida social y que reivindicó para sí una vida aparte y divina» (2006: 154). Saturno es amigo de las mentes de los hombres que, en la medida de sus posibilidades, están separados de la vida social (2006: 154). La soledad, el distanciamiento de los otros, comienza a ser uno de los componentes fundamentales del melancólico a partir del Renacimiento y los escritos biográficos sobre artistas conllevarán a partir de ahora este componente saturnino. En este sentido, los textos sobre Miguel Ángel escritos por otras personas o por el propio genio renacentista son muy significativos, entre otras razones, por ser el gran genio toscano hombre del Renacimiento y seguidor de las teorías neoplatónicas. Así, Vasari les da la vuelta a las acusaciones de poca afabilidad del maestro para hacer de dicha carencia una condición de la grandeza artística:

> Y todos aquellos que le reprochan el no cultivar las amistades, debido a su fantasía o extrañeza, tienen que perdonarlo, porque realmente se puede decir que quien quiere alcanzar enteramente la perfección en este oficio está obligado a huir de ellas, porque la virtud requiere pensamiento, soledad y comodidad y no errar con la mente y desviarse en las relaciones sociales (Vasari 2004: 398).

Tres siglos después, en el XIX, Delacroix mantiene esta visión del Miguel Ángel melancólico, al que pinta en su estudio, solitario, recostando su cabeza en la mano derecha en posición muy parecida a la representación de la Melancolía en Ripa y Durero.

A los setenta y cuatro años, el propio Buonarroti escribía sobre sí mismo de este modo, en una carta en la que expresaba la doble cara de la melancolía que venimos señalando: «Diréis que estoy viejo y loco; pero yo contesto que no hay otro método mejor para seguir sano y libre de aflicciones que estar loco» (citado por Wittkower 2004: 78). Algo que se manifiesta también en estos versos escritos por el escultor toscano: «Mi alegría es la melancolía / Mi reposo son estos apuros» (citado por Wittkower 2004: 79).

Es muy interesante que el propio Miguel Ángel se identificase a sí mismo con la melancolía[25], a partir de él y de otros

25. Margot y Rudolf Wittkower citan varios textos de la correspondencia del artista toscano que revelan su temperamento melancólico. En

artistas de su tiempo, ser melancólico, estar bajo el signo de Saturno, se convertirá en el mayor signo identitario de los creadores.

Es significativo que sea precisamente en el Renacimiento cuando se recupere esta visión aristotélica del humor negro, pues es en este momento histórico cuando se consolida una visión del artista como alguien diferente del resto de la sociedad, como alguien autosuficiente y distinto de la mayoría. Con autonomía del poder divino para tomar sus propias decisiones, los intelectuales y los artistas asumen su propia responsabilidad de pensar y decidir por sí mismos, pero por ello se sienten solos. La autonomía es fuente de libertad, por un lado, y de inseguridad, por otro, sin la tutela religiosa se anda por el mundo dejado de la mano de Dios (por utilizar la expresión del joven Lukács). Cito lo que Klibansky, Panofsky y Saxl dicen sobre esta materia:

> El autosuficiente «homo literatus», al ocupar su posición, se veía desgarrado entre los extremos de la autoafirmación, a veces elevada hasta la *hybris*, y la duda de sí, que a veces llegaba a ser desesperación; y la experiencia de ese dualismo le espoleó al descubrir la nueva pauta intelectual, que sería un reflejo de esa falta de unidad

---

una carta al pintor manierista Sebastiano del Piombo, escribe abiertamente sobre una cena: «Esta me proporcionó el mayor placer, puesto que me sacó un poco de mi melancolía, o digamos de mi loco talante; no solo disfruté de la cena, que era de lo más agradable, sino mucho más de la conversación» (Wittkower 2004: 78). En otra carta a Pietro Gondi, expresa de forma conmovedora su doble condición saturnina y solitaria: «Nadie trabó relaciones conmigo jamás –hablo de los jornaleros a los que no hice el bien con todo mi corazón–. Después de una mala pasada de mi genio o alguna locura (*pazzia*), que dicen es propio de mi naturaleza, que no perjudica a nadie más que a mí, les da pie para hablar mal de mí y calumniar mi carácter» (Wittkower 2004: 78).

> trágica y heroica: la pauta intelectual del «genio moderno». En este punto ya vemos que el autorreconocimiento del «genio moderno» solo podría tener lugar bajo el signo de Saturno y la melancolía; y que, por otra parte, había que conferir ahora una nueva distinción intelectual a las ideas aceptadas de Saturno y la melancolía (1991: 243-244).

La escisión también se dará entre la doble tendencia que se apunta en las teorías de Platón y Aristóteles entre la extraordinaria capacidad de creación, de contemplación y vida extática que dicho carácter puede alcanzar, en contraposición a la dolorosa sensación de soledad y aislamiento con respecto al resto de la sociedad. La genealogía de la soledad melancólica no se detiene en el Renacimiento. Desesperación, dolor y excelencia creativa cabalgarán juntos después de Ficino. Esta tendencia no cesará en el siglo XVII y tendrá un profundo rebrote a finales del siglo XVIII y comienzos del XIX. En estos siglos, se vuelve a asociar el sufrimiento de la melancolía con la grandeza. Radden destaca, además, cómo en este periodo se considera al melancólico más próximo a lo sublime que a otros seres humanos (2000: 15).

Estos son los tiempos de Goya, en cuya obra encontramos diversos ejemplos de melancolía. Pensemos en el excelente retrato del Jovellanos ministro ilustrado, desencantado y meditativo con la mejilla apoyada en la mano, o el emblemático grabado *El sueño de la razón produce monstruos* con el artista abatido sobre un escritorio sufriendo visiones nocturnas. O sus famosas pinturas negras, oscuras como la melancolía y en las que las figuras que ambiguamente representan al artista aparecen sumidas ante fuerzas sublimes de infinito poder. Pero esta iconografía goyesca es debida, además del genio del gran artista aragonés, a ideas que circulaban entre los ilustrados españoles con los que el pintor tenía estrecho contacto. Folke Nordström, en un conocido libro sobre este aspecto del pintor aragonés titulado *Goya, Saturno y melancolía*, profundiza no solo en la relación con los ilustrados españoles, sino, en general, con el pensamiento de su tiempo en esta materia. Podríamos decir que Goya condensa y tipifica de manera extraordinaria la melancolía moderna.

El pensamiento decimonónico nos ofrece múltiples ejemplos de la tragedia melancólica. Schopenhauer sin hablar directamente de los melancólicos nos da interesantes explicaciones en lo referente al dolor, el sufrimiento y la excelencia:

> En contra de esto hemos de considerar que los grandes dones del espíritu, como consecuencia de una desmesurada actividad nerviosa, producen una extraordinaria receptividad para el dolor; que el temperamento exacerbado que tales dones suelen tener como condición, así como la mayor viveza y perfección de todas las representaciones que este temperamento lleva aparejadas, producen una extrema violencia de los afectos provocadas por estas, siendo así que son muchos más los afectos penosos que los agradables. También ocurre que los dones extraordinarios del espíritu alejan a su propietario del resto de los hombres y sus afanes, y cientos de cosas en las que en ellos encuentran gran satisfacción, a él le resultan insípidas en indigestas (2001: 60-61).

En esta cita se funden claramente el sufrimiento del intelecto superior y su alejamiento elevado y despectivo con respecto al resto de la sociedad. Esta tendencia a la soledad de los intelectos sensibles y, muy especialmente, de los artistas, llegará al paroxismo en los románticos. Según Hugh Honour: «Antes del siglo XIX se consideraba que la soledad era una desgracia, pero los románticos la convirtieron en un objeto de culto [...]. La soledad y la infelicidad eran compañeras inevitables del genio, según Heine» (266).

Tomo como ejemplo citas del *Hiperión* de Hölderlin en las que se aprecian los sentimientos de alejamiento y desamparo propios del artista del periodo romántico: «Él, expulsado por el destino y la barbarie de los hombres de su propia casa [...] yo, tan alejado en mi interior ya de todo, tan extraño y solitario con toda mi alma entre los hombres [...] yo, antipático para todos los ciegos y paralíticos...» (1983: 47). Es soledad buscada, pero también producida por el rechazo de los «filisteos»:

> Esto hace que muchos hombres, como Orfeo, hayan sido tenidos por locos por otros que, si no, hubieran sido gobernados por ellos. Esto ha hecho a menudo que las más nobles naturalezas sirvieran de escarnio a las gentes que andan por las calles; [...] (1983: 63).

Uso a propósito el término filisteo al citar a un romántico alemán, pues fue una palabra muy utilizada con sentido crítico contra «los ciegos y paralíticos». Según Hugh Honour, la palabra *philister* fue utilizada en Alemania en un principio en los círculos estudiantiles para referirse a los profanos incomprensivos, las connotaciones negativas aumentaron con el tiempo «al irse ensanchando el abismo que separaba a los artistas del público en general» (1994: 264). El propio Schopenhauer usa esta palabra de forma parecida, pues define al filisteo como «un hombre sin necesidades espirituales» (2001: 62) y para quien «una cómoda existencia material es el objeto de su vida» (64).

Por dar ejemplos de la tradición hispánica de esta confrontación con los filisteos, podemos citar estos versos de Espronceda en su «Canto a Teresa»: «Espíritu indomable, alma violenta, / en ti, mezquina sociedad, lanzada / a romper tus barreras turbulenta».

Curiosamente, esta mala relación con los filisteos ya está en Platón, quien no solo destaca el furor en relación con la creatividad, sino que esta nace en el alejamiento del vulgo. Cuando, en *Fedro,* Sócrates (citando a Estesícoros) hace alusiones a la locura divina, enfatiza su grandeza en oposición a la cordura: «es más hermosa la locura que procede de la divinidad que la cordura, que tiene su origen en los hombres» (1986: 362). En esta línea, en el diálogo *Teetetes*, el personaje de Socrates afirma: «Los verdaderos filósofos ignoran, desde su juventud, el camino que conduce a la plaza pública» (1871: 216). El sabio está ausente de los rumores y anécdotas sociales, está ajeno a la trivialidad. El mundo del sabio es elevado y por ello el filósofo se siente por encima de la tierra, pero esto le lleva a cierta inutilidad a la hora de afrontar la vida cotidiana «cayendo, a cada instante, por su falta de experiencia, en pozos y en toda suerte de perplejidades, y en conflictos tales que le hacen pasar por un imbécil» (1871: 218). Unas veces parece imbécil y otras extravagante por reírse de la vanidad ajena. Los sabios y los que luego serán llamados filisteos, no pueden convivir en armonía según Sócrates en el *Teetetes*: «En todas estas ocasiones, el vulgo se burla del filósofo, a quien, en cierto concepto, supone lleno de orgullo e ignorante, por otra parte, de las cosas más comunes, y además inútil para todo» (219).

Durante el siglo XIX se intentó dar justificación científica a la complementación entre enfermedad y genialidad, Julio Romero nos da varios ejemplos de ello y uno, que me llama especialmente la atención, es el de Lombroso que, inspirado en Darwin, elabora una teoría de la compensación,

> según la cual, el excesivo desarrollo o utilización de un órgano debe provocar el retraso de otros, y así ocurriría

> en el genio, cuyo cerebro más desarrollado haría que el resto del cuerpo, músculos, huesos… resultaran menos favorecidos (Romero 1993:: 133).

Jung, procedente de otra tendencia científica, no está tan alejado de este darwinismo cuando dice:

> Raramente hay un hombre creativo que no deba pagar cara la divina chispa de poder. Es como si cada uno naciera con un cierto capital limitado de energía de vida. Lo más fuerte en él, justamente lo creativo, tomará para sí la mayor parte de energía, si es realmente un artista, y para el resto queda remanente demasiado poco como para que de ello pudiese desarrollarse todavía cualquier valor especial[26] (1992: 22).

Lo que hace en este caso es desviar la teoría darwiniana hacia la teoría de la energía psíquica que toma de su maestro y antagonista Freud. La teoría del padre del psicoanálisis sobre la sublimación artística como resolución de un conflicto entre el ego y el ello, no está lejos de esta postura. Sublimar, en el fondo, es llevar a cabo una compensación energética.

Freud no se ocupó en sus análisis de la melancolía en el aspecto creativo, se centró, sobre todo, en una distinción

26. Continúo con la cita de Jung para que se entienda mejor: «Por lo contrario, lo humano es desangrado a favor de lo creativo, a menudo de manera tal que solo puede aún vivir sobre un nivel primitivo, o rebajado de alguna otra forma. Esto se exterioriza a menudo con infantilidad o irreflexión, o como cándido egoísmo, falto de miramientos (llamado autoerotismo), como vanidad u otras faltas. Estas inferioridades están repletas de sentido, por cuanto de esta manera puede ser aportada al yo suficiente fuerza vital. Precisa de estas formas bajas de vida, porque de otro modo perecería por completa expoliación» (22).

entre duelo y melancolía. Según el padre del psicoanálisis, el melancólico persevera en una pena ininterrumpida ante una pérdida. Su dolor por el objeto perdido se prolonga sin fin y dilata indefinidamente la añoranza. No olvidará su fuente de dolor original y tampoco buscará un nuevo objetivo para su anhelo; tras sufrir la congoja habitual por la pérdida, su dolor no tiene fin, como sí sucede en el caso del duelo; quien padece melancolía no admite el cambio en la libido que nos exige la nueva situación. Según el neurólogo vienés, este dolor prolongado es una forma de sufrimiento autoinfligido a causa de un deseo reprimido de dañar al añorado. Esto parte de una agresividad hacia el objeto perdido que, en lugar de dirigirse hacia su diana original, el otro, se desvía «contra el propio yo» (2010: 284). En la psique del sujeto melancólico se lleva a cabo, por tanto, una introyección de dicho objeto y una clara división del yo en el que uno de sus fragmentos descarga una fuerte agresividad contra el otro. Es la instancia crítica del ideal del yo (instancia moral que proviene a su vez de una idealización narcisista del propio yo, la identificación con la moral social y los padres, con sus substitutos además de con los ideales colectivos), el instrumento a través del cual el sujeto atacará al objeto introyectado y, por tanto, a sí mismo:

> Ahora bien, estas melancolías nos muestran otra cosa que puede llegar a ser importante para nuestras ulteriores consideraciones. Nos muestran al yo dividido, descompuesto en dos fragmentos, uno de los cuales arroja su furia sobre el otro. Este otro fragmento es el alterado por introyección, que incluye al objeto perdido. Pero tampoco desconocemos al fragmento que se comporta tan cruelmente. Incluye a la conciencia moral, una instancia crítica del yo, que también en épocas normales

> se la ha contrapuesto críticamente, solo que nunca de manera tan implacable e injusta (2000: 103).

Esta manera de autoagresión, «implacable e injusta», conlleva un componente autodestructivo y autodespectivo, característico, según Freud, de una patología melancólica que puede llevar incluso al suicidio.

Julia Kristeva seguirá en *Sol negro. Depresión y melancolía,* la teoría freudiana sobre este asunto, pero con un tono más ensayístico que científico, en un texto que se desplaza entre lo psicoanalítico y lo literario y, por ello, con un acento menos aseverativo que el del pionero del psicoanálisis. Acerca la teórica búlgara, casi hasta la confusión, como el título indica, la depresión a la melancolía. Ambas aflicciones aparecen en su texto caracterizadas por la pérdida del objeto y la pasividad: «el sujeto se refugia en la inacción hasta hacerse el muerto o en la muerte misma» (1997: 15). Esto último nos conduce a otro aspecto muy importante de *Sol negro* y es la relación que se establece, siguiendo otro ramal del corpus freudiano, entre las teorizaciones sobre las pulsiones de muerte y amor (lo que los seguidores de Freud sintetizarán bajo la dualidad Eros / Tánatos), con lo melancólico / depresivo. Para Freud las pulsiones de agresión y de destrucción tienen su origen en una primitiva pulsión de muerte de la materia viva que busca retornar al primitivo estado de reposo absoluto, esta tendencia hacia lo necrófilo es un impulso universal que se opone e interactúa con el impulso opuesto de vida y amor. En la lectura que Kristeva hace de Freud, la depresión y la melancolía tienen un vínculo con el masoquismo, que a su vez se enlaza con la pulsión de muerte: «Esta pulsión se manifiesta –en la melancolía narcisista– desunida de la pulsión de vida: el superyó del melancólico le parece a Freud "una cultura de la pulsión de muerte"» (1997: 21).

De todas formas, ya no se estudia la melancolía como una categoría científica, como una definición de una enfermedad; la aproximación actual que hacen la mayoría de los estudios sobre la materia la observan como un importante mito de la cultura occidental con fuertes ramificaciones en el arte y como una forma de entender la creatividad que ha tenido un largo recorrido desde la antigüedad clásica.

Unas últimas líneas para comentar un acercamiento reciente y distinto a la psicología de la creatividad, pero ya no desde la melancolía. Me refiero al texto de la psicóloga clínica Kay Redfield Jamison en su libro *Touched With Fire: Manic-Depressive Illness and the Artistic Temperament*. Es distinto porque no proviene de la vertiente freudiana, según Jamison la dolencia maniaco depresiva no procede de los traumas formados en los primeros años de vida, sino que tiene un origen genético. También es diferente de los planteamientos vistos hasta este punto porque no intenta explicar la relación entre genialidad y melancolía (con toda la vaguedad que tiene este término), sino entre el trastorno bipolar y la creatividad; por tanto, con una categoría clínica más definitoria a la que se explica muy claramente en los primeros capítulos del libro y que después se ejemplifica abundantemente. Finalmente, también es un enfoque distinto de los vistos hasta el momento porque no establece una correspondencia absoluta y contundente como la que se ha hecho durante varios siglos, según la cual para ser un genio hay que ser melancólico. Su pretensión es heredera en algún sentido de los planteamientos antiguos de Platón y Aristóteles, pero menos concluyente, no trata de decir que solo se puede ser genial padeciendo enfermedad mental, sino que los maniaco depresivos tienen una especial capacidad para la creatividad, lo que, a su vez, no significa que para ser creativo haya que padecer necesariamente dicha enfermedad. El planteamiento es que abundan las personas que sufren el síndrome maniaco depresivo entre los grandes creadores, pero que hay muchos artistas que son «perfectamente normales» (en palabras de Jamison) desde el punto de vista psiquiátrico (2021: 128-129).

Este síndrome se caracteriza por ciclos opuestos que conducen a pensamientos, emociones y actividades cambiantes, siendo los momentos depresivos los de mayor aletargamiento y las fases maniacas las de mayor actividad y productividad artísticas en el caso de los creadores; la creatividad en estas fases ascendentes de la enfermedad, nos recuerda la de los momentos de furor a los que se refieren los textos platónicos. Es interesante notar que la palabra melancolía no aparece como término científico en el libro de Jamison, pero se lee continuamente en las páginas del libro, casi siempre como sinónimo del ciclo depresivo de la bipolaridad.

La casuística de artistas que ofrece el libro es muy amplia y en algunos casos como el de Lord Byron, muy detallada. Este estudio no analiza tanto las ficciones de estos artistas como los textos en los que hablan de ellos mismos y de su comportamiento cíclico. Las biografías se trazan en todos los casos en estrecho contacto con estos escritos y con los árboles genealógicos de la enfermedad de sus familiares, con la pretensión de mostrar el carácter genético de la dolencia maniaco depresiva.

## II

En los párrafos anteriores se han mencionado teorías psiquiátricas y psicológicas sobre la melancolía, pero esto no significa que se pretenda clasificar a los personajes del relato de García Morales dentro de alguna categoría clínica. Estas teorías se han presentado porque, sin duda, enriquecen la comprensión de lo «saturniano»; sin embargo, no se utilizan con fines diagnósticos. El objetivo es analizar cómo este relato se inscribe dentro de ideas de larga duración que, durante siglos, han permeado tanto el inconsciente cultural de los intelectuales como el de las masas iletradas. Entre esas ideas se encuentra la creencia de que, para ser excepcional, es necesario ser melancólico.

La asociación entre genialidad y melancolía implica necesariamente una reflexión sobre la legitimidad de quienes han sido desplazados hacia los márgenes sociales. Pero no se trata solo de reconocer su validez, sino también de afirmar su potencial para lo excepcional. La cultura de la melancolía plantea –aunque de manera ambigua, no sistemática y, en ocasiones, susceptible de ser apropiada por discursos socialmente nocivos– una crítica al centro excluyente y falogocéntrico, al tiempo que reivindica lo suplementario.

Como señala Jonathan Culler, este suplemento está representado por «aquellos que no pasan por equilibrados y racionales: mujeres, niños, poetas, profetas y locos» (1998: 136). En la tradición inaugurada por el *Problema xxx* atribuido a Aristóteles –y no en las formulaciones científicas posteriores sobre lo saturniano–, hablar de melancólicos es hablar precisamente de estos sujetos periféricos, cuya diferencia puede convertirlos, paradójicamente, en portadores de una forma singular de lucidez o grandeza.

Entre los puntos que hacen al melancólico excepcional está su capacidad para sumirse en la sombra. La melancolía, como he dicho, no se presenta como un discurso alternativo, coherente y cerrado, sino como un discurso de la sombra; el melancólico, a diferencia de los «filisteos» es el que sabe sumergirse en las fuentes subterráneas, en la oscuridad telúrica, pero su camino no está marcado por la senda coherente del héroe que tras sumergirse en los abismos oscuros retorna a la luz.

Lo oscuro se asocia a la pesadumbre y lo luminoso a la alegría, aunque desde luego esto podría ser matizado, pero sí es pertinente recordar como lo oscuro ha estado asociado de antiguo a la iconografía melancólica. En función de esta oscuridad melancólica se explica el rostro negro de la imagen del grabado *Melancolía I* de Durero, rostro negro que según Klibansky, Panofsky y Saxl era característica atribuida por la tradición a aquellos que eran melancólicos por temperamento o enfermedad y que Durero convirtió en característica de un estado de ánimo ensombrecido, no solo como característica temperamental o síntoma patológico, sino como una emoción o estado de ánimo.

Pero la oscuridad (y consecuentemente la noche) no deben ser vistas en el ámbito melancólico como algo vinculado exclusivamente a la enfermedad y la emocionalidad saturninas. Conocer la oscuridad ha sido tradicionalmente el privilegio de unos escogidos (y atrevidos) que, precisamente, por tal exclusividad se han sentido aislados de los otros. Así, mientras lo oscuro se relaciona, por un lado, con lo melancólico por la bilis negra, y ella tiñe el corazón sombrío de tristeza y cólera, por otro lado, la oscuridad de la tierra, de los mares, de la noche es esa otra cara oculta en la que hay que sumergirse para poder volver a la luz, como el carro solar, como Jonás después de ser tragado por la ballena y en general los héroes de los mitos y los cuentos de hadas que antes de conseguir su objetivo han de andar por lugares sombríos: «El descenso a las profundidades parece preceder siempre al ascenso» (Jung 1970: 24). Y esto es aplicable también al lenguaje olvidado, nocturno y oscuro de los sueños:

> En la noche se manifiesta un mundo nuevo, este mundo, empero, no se limita a la pura y simple imaginación onírica, sino que también se conecta con el mundo diurno. En su breve tratado de *divinatione per somnum,* Aristóteles

> expresa la muy difundida idea griega de que los sueños revelan profundas verdades al soñador. La noche permite ver lo invisible, por lo que hace posible predecir el futuro. Por tanto, la adivinación se emparenta con la locura… (Por el momento apuntaremos entre paréntesis que Aristóteles relacionaba la melancolía con la noche, cosa por otra parte, bastante plausible: los héroes delirantes y melancólicos, así como la relación entre melancolía y adivinación que detallaremos más adelante, ponían, por así decirlo, en bandeja esta posibilidad de emparentar noche y melancolía) (Földényi 2008: 28-29).

Pero el símbolo «oscuridad», como todo símbolo, encierra oposiciones y complementaciones, así, nos habla también de desconocimiento y dolor. En este sentido, la melancolía es también dolor por el descubrimiento de que una vez fueron vanas nuestras ilusiones de conocerlo todo, y la idea de navegar sin asideros firmes de conocimiento, navegar entre fantasmas, produce desconsuelo. En este sentido interpretan Klibansky, Panofsky y Saxl el paradigmático grabado de Durero, *Melancolía I*. La figura alada que protagoniza el grabado es un geómetra afligido porque ha descubierto que su ciencia es limitada como todo el saber humano. Esta cita de Durero que recogen los mencionados iconólogos es altamente expresiva de esta dimensión de la palabra oscuridad: «Pues hay falsedad en nuestro conocimiento, y la oscuridad está en nosotros tan firmemente implantada que hasta buscando a tientas fracasamos» (1991: 348).

Un paso más allá aún lo podríamos ver en el famoso grabado de Goya de la serie de «Los Caprichos», titulado *El sueño de la razón produce monstruos*, en el que el artista aparece recostado sobre una mesa de trabajo y a su sueño acuden todo tipo de animales de la noche. Ahora la oscuridad no es solo la noche del desconocimiento, es también la noche que produce monstruosidad.

Llevado esto a *El Sur*, el padre de la protagonista no es un artista, pero sí un visionario: alguien con la capacidad de intuir dónde se oculta el agua en la sombra, en lo profundo de la tierra. De modo análogo, su hija se adentra en la oscuridad de sus vivencias infantiles para transformarlas en escritura, como ocurre en el texto de García Morales. Sin embargo, en ambos personajes –y especialmente en el padre, sobre todo en el relato– se manifiesta también una inclinación hacia el dolor y la autodestrucción, lo que revela el doble rostro de la oscuridad: por un lado, fuente de intuición y creación; por otro, espacio de pérdida y disolución.

## III

Desencanto y orgullo, aislamiento pesaroso y enriquecedor están en *El Sur* desde el comienzo. Adriana, como narradora, como artista, con jactancia romántica, se alinea bajo el signo de Saturno, se identifica con su padre en dicho distanciamiento de la norma, no es solo exclusión, es aislamiento en su doble cara melancólica, necesario y sufrido al mismo tiempo.

Desde las primeras líneas se alude, de forma más o menos explícita, a la soledad del padre: se nos dice que no tenía amigos, que lo consideraban raro y que su tumba estaba abandonada. Esta imagen evoca los conmovedores versos de Bécquer: «En donde esté una piedra solitaria / sin inscripción alguna, / donde habite el olvido, / allí estará mi tumba» (1995: 153).

El aislamiento que se presenta en este relato tiene una dimensión política: la familia, convertida en un grupo de parias, se ve obligada a desplazarse de un lugar a otro a causa de las ideas del padre. Sin embargo, este aislamiento trasciende el contexto histórico del franquismo. *El Sur* está impregnado de un desamparo trágico, y los personajes que generan en la protagonista sentimientos de soledad y rechazo no solo representan a la sociedad franquista, sino también a los «filisteos» en un sentido más amplio. Por ello, la narradora se refiere a Mari Nieves y a sus propias sensaciones hacia esa niña en términos universales: «sentí entonces que para toda la gente de este mundo Mari Nieves siempre tendría la razón» (24)[27].

En el texto se establece una distancia –una frontera, como se dice en la película– entre un «ellos» y un «nosotros»; un límite entre el centro y la periferia social a la que ellos pertenecen. La escritura melancólica se ejerce desde los márgenes. La casa, situada a dos kilómetros de la ciudad, representa una otredad absoluta, buscada deliberadamente por el padre. Es una casa sin vecinos, pero no por ello libre de interferencias con el «otro» mundo: interferencias que siempre desembocan en una comunicación fallida, cuando no en un sobresalto. Desde esa marginalidad, desde la sombra en que viven, desde ese melancólico aislamiento, se escribe el texto[28].

27. Leyendo estos versos de Hölderlin no es difícil comprender por qué se ha elegido a este poeta para el epígrafe que abre el relato: «si sucumbo al asedio de los envidiosos / que hunden el genio en una tumba sin gloria» (1995: 133).

28. De nuevo, el tono del relato nos trae a la mente palabras de Hölderlin:

> También los lancheros vuelven al puerto.
> En lejanas ciudades se apaga, dichoso,
> el clamoreo del mercado. La comida
> está servida y luce bajo la enramada
> para los amigos reunidos.
> ¿Pero yo, adónde iré? Los mortales viven
> del salario y del trabajo, y son felices
> alternando labor y descanso.

El padre es una sombra, en primer lugar, por lo que se ignora de él durante la infancia de la narradora, y también porque, aunque en la adolescencia logra ciertos avances en su conocimiento, sigue siendo muy poco lo que llega a saber realmente. Pero es una sombra también en un sentido simbólico: es un personaje saturnino, y la oscuridad es connotativa de la melancolía. Esta, tradicionalmente asociada con la tenebrosidad, ha sido llamada «melancolía negra», y Saturno –el planeta y el dios– es, en la iconografía clásica, una figura ligada a lo oscuro, a lo sombrío, al peso del tiempo y al aislamiento[29].

Ciertamente, el tono sombrío y las alusiones directas a la sombra y la oscuridad están presentes en el relato desde las primeras líneas. Al comienzo del libro se nos informa de que la narradora escribe –de noche– sobre la noche en que su padre desapareció definitivamente: «Nunca olvidaré la impenetrable oscuridad que envolvía la casa cuando tú desapareciste» (6). En estas primeras líneas aparecen también varias palabras que, entre sus posibles resonancias semánticas,

---

¿Por qué solo en mi pecho anida
este aguijón que no descansa nunca?
... Y yo,
como siempre, solo bajo los cielos (1995: 141).

29. No es necesario repetir al lector lo que ya sabe y siente: que lo oscuro se asocia a la pesadumbre y lo luminoso a la alegría. Aunque esto podría matizarse, es pertinente recordar cómo lo oscuro ha estado históricamente vinculado a la iconografía melancólica. En este sentido se explica el rostro ennegrecido de la figura en el grabado *Melancolía I* de Durero, que según Klibansky, Panofsky y Saxl era una característica tradicionalmente atribuida a los melancólicos, ya fuera por temperamento o por enfermedad. Durero convirtió esta condición en símbolo de un estado anímico sombrío: «pero, lo mismo que en el caso del puño cerrado, él fue el primero en darse cuenta de que lo que ahí se describía como característica temperamental, o incluso como síntoma patológico, podía ser aprovechado por un artista para expresar una emoción o comunicar un estado de ánimo» (1991: 284).

evocan la oscuridad: la palabra *sombra* en el epígrafe de Hölderlin, la palabra *tumba*, o el adjetivo *negro* que describe el vestido y el velo de Josefa.

IV

Oscuridad que, entre otras lecturas posibles, puede interpretarse como la oscuridad de lo inconsciente; y la inmersión en esa zona oscura equivale a una bajada a los infiernos, una entrada en el bosque, una inmersión en aguas profundas, una incursión en la cueva del Minotauro. Es allí donde se encuentran, al mismo tiempo, los sufrimientos más traumáticos y las expresiones simbólicas más profundas. De ese interior oscuro se extraen peces si hay agua, y agua si hay tierra: una operación que realiza el padre de Adriana, y cuyo sentido profundo ella aprende de él.

Se trata de una sabiduría análoga a la de quien se sumerge en su pasado doloroso, lo revive y lo saca a la superficie. Esta acción de extraer agua de la oscuridad se asemeja a la propia escritura de la protagonista, que se adentra en las sombras de su casa sin electricidad para poder traer a la luz el pasado doloroso.

El personaje de *El Sur* es un hombre de carácter saturnino: triste, solitario, sombrío (en la película, aparece con frecuencia rodeado de sombras). Pero también es, según el testimonio de su hija, un hombre de una sabiduría excepcional. Una sabiduría telúrica, profunda, capaz de encontrar agua en las profundidades de la tierra donde los demás no ven más que sequedad.

Pero esta dimensión no afecta únicamente al padre: también marca profundamente a la hija, quien se ve a sí misma, con cierto orgullo, compartiendo el aislamiento melancólico de su progenitor. Con jactancia romántica, Adriana se identifica con Rafael en ese distanciamiento de la norma. No se trata solo de un aislamiento social, sino de un aislamiento con una doble cara melancólica: necesario y, al mismo tiempo, doloroso.

Esta forma de soledad se ejemplifica claramente en la educación de la narradora: de pequeña no asiste al colegio, y cuando finalmente comienza a hacerlo, confiesa que no se comunicaba con las demás niñas, aunque era capaz de obtener las mejores calificaciones. Su diferencia, su distancia respecto al grupo, no se vive como una carencia, sino como una marca de singularidad –una soledad intelectual y emocional que, a la vez que la aísla, la define.

Desarraigo y sublimidad son temas recurrentes en el texto, apareciendo una y otra vez a lo largo del relato. Un claro ejemplo de esta dualidad se encuentra en la cita: «Pensaba entonces que tú eras un mago y que los magos eran siempre grandes solitarios» (5). Esta doble condición se refleja de manera evidente en el momento en que la hija se identifica con la escisión paterna, un claro reflejo del orgullo por la herencia melancólica. En otro pasaje, la narradora dice:

> Pues creo que heredé de ti no solo tu rostro, teñido con los colores de mamá, sino también tu enorme capacidad para la desesperación y, sobre todo, para el aislamiento. Aún ahora, cuanto mayor es la soledad que me rodea, mejor me siento (6).

Desde la primera página, *El Sur* hace una declaración emocional, en la que se condensan las principales emociones que inundan el relato: todas localizables dentro del ámbito melancólico, como el paso del tiempo, la muerte, la pesadumbre y la soledad. Desde el inicio, la narradora escribe en una clave saturnina, acorde con la genealogía que ella misma ha establecido y con el epígrafe de Hölderlin que hemos mencionado. Esta fuente romántica alemana se hace explícita en el texto, pero también podemos situar el relato de García Morales en diálogo con una importante tradición melancólica de la lengua española. En el cambio de siglo, esta tradición se vio marcada por la influencia de Verlaine y sus versos saturninos, que dejaron una huella profunda en varios de nuestros poetas, entre los cuales destaca, de manera notable, Antonio Machado[30], cuya mención, para hablar de la melancolía, tiene sentido por sí misma, pero cobra aún mayor relevancia si recordamos que Machado nació en Sevilla, ciudad en la que se desarrolla la última parte de *El Sur*. Además, en su famoso autorretrato, el poeta rememora la casa sevillana donde pasó su infancia: «Mi infancia son recuerdos de un patio de Sevilla». Los patios sevillanos, como espacio emblemático de la memoria y el tiempo, también toman significativa atención en la escritura de Adriana. Este vínculo geográfico y biográfico nos invita a leer las emociones que inundan el texto de García Morales en diálogo (que no necesariamente influencia) con la melancolía machadiana. A través de este diálogo, podemos ver cómo ambos autores exploran las mismas aguas turbias de la memoria y

30. Según Ian Gibson, Verlaine fue una influencia decisiva para Antonio Machado (y también para Manuel): «Para Antonio y Manuel, el hecho tal vez más destacado de la visita a París es el descubrimiento de la poesía de Paul Verlaine [...] Los Machado no podían desconocer tampoco la inmensa admiración que por Verlaine sentía Rubén Darío, que le había conocido en persona, gracias a Gómez Carrillo [...] Para Pío Baroja, además, Verlaine (con Dickens) era uno de los más grandes [...] Parece indudable que los hermanos se empaparon del *Choix de poésies* durante aquellos meses [...] A Antonio le afectaron hondamente los sonetos de *Poèmes saturniens*, que, en el apartado "*Melancholia*" –melancolía de poeta nacido bajo "la influencia maligna" de Saturno–, inician la antología» (2006: 107).

el desarraigo, sin que uno dependa directamente del otro, pero sí compartiendo ciertas afinidades temáticas.

Pasemos ahora a tratar tres materias melancólicas que son muy reveladoras en la obra del poeta sevillano: el paso del tiempo, la muerte y la pesadumbre.

## V

Hay pasajes en *El Sur* que abiertamente nos traen a la memoria la poesía machadiana. Un ejemplo claro se encuentra en la descripción de la casa del padre en Sevilla:

> En un barrio umbrío, donde los cegadores rayos del sol entraban tamizados por las sombras, se hallaba tu casa, construida según antigua usanza, [...] Tenía dos plantas y un patio central pavimentado con losas de mármol. El murmullo del agua que corría por la fuente me obligó a detenerme. Era un sonido que me llegó desde tu infancia. ¿Cuántas veces te habrías adormecido escuchándolo desde tu habitación? Aquel murmullo sereno me acompaño durante los días en que me sumergí en imágenes que te habían visto crecer [...] (40).

Palabras que nos recuerdan al patio de Sevilla del mencionado autorretrato que abre *Campos de Castilla*, y a la luz y la fuente del soneto de *Nuevas canciones*, en el que el poeta recuerda a su padre en su luminosa ciudad, en unos versos teñidos de una melancólica evocación del paso del tiempo: «Esta luz de Sevilla… Es el palacio / donde nací, con su rumor de fuente. / Mi padre, en su despacho. –La alta frente, / la breve mosca, y el bigote lacio–» (2005: 666).

En estos versos, como en la descripción del patio en *El Sur*, se teje una atmósfera de evocación nostálgica. La luz de

Sevilla, que permea la memoria de Machado, y el murmullo de la fuente en *El Sur*, son imágenes recurrentes que conectan el pasado con el presente, tejiendo una red de recuerdos cargados de melancolía. La fuente en ambos casos no solo es un elemento físico, sino un símbolo de la continuidad del tiempo, del fluir ininterrumpido de los recuerdos y de la relación profunda con lo perdido.

Al igual que en *El Sur*, en los citados poemas de *Campos de Castilla*, el espacio doméstico y la figura del padre son centrales, pero también están impregnados de una tristeza silenciosa, de un eco de tiempos que ya no volverán. La imagen del padre de Machado, con su «alta frente» y su «bigote lacio», se convierte en una imagen congelada en el tiempo, similar a la figura del padre en el relato de García Morales, cuya presencia se diluye entre las sombras de la memoria y la ausencia.

Pero la evocación de los textos de Machado no aparece solo en un caso tan nítido como este, en el que casi coinciden los significantes de un lado y otro; es una cuestión de tono, de una corriente subterránea a través de la cual se logra que el entorno se convierta simbólicamente en proyección psíquica de los personajes. En las siguientes palabras de *El Sur* aparecen el jardín, la fuente y la sombra, tres símbolos ampliamente utilizados en los versos más saturnales (por usar la expresión del influyente Verlaine en lo que a melancolía se refiere) del poeta de Sevilla:

> Una tarde, ya anocheciendo, [...] Estabas sentado en el viejo banco de madera, bajo el sauce y frente a la fuente, seca ya desde hacía tiempo. Un aliento a muerte envolvía ahora lo que, años atrás, había sido el escenario mágico de nuestro juego predilecto. Solo quedaba el romero que dibujaba los caminos del jardín y los árboles y matas que no habían necesitado para sobrevivir más que el agua

> que les había caído del cielo. Todas las demás plantas habían muerto y permanecían allí, secas y olvidadas tentando a la memoria, reconstruyendo para nosotros algo que no recuperaríamos jamás [...] Me senté junto a ti, en el borde de la fuente, adivinándote en la penumbra. «No sé por qué ya no hay agua en la fuente» dijiste. «Es que nadie se acuerda de cuidar el jardín», te respondí con impaciencia. «Es verdad –continuaste–, todo se ha secado. ¡Con lo bonito que era! ¿Te acuerdas?» Claro que me acordaba, pero no te respondí. Sentí una congoja insoportable (36).

El tono de esta cita, en la que espacio y emoción de los personajes se combinan de manera tan precisa, evoca con fuerza estos versos de Machado: «Está la fuente muda, / y está marchito el huerto. / Hoy solo quedan lágrimas / para llorar. No hay que llorar, ¡silencio!» (2005: 478)[31].

31. Son múltiples los ejemplos en la poesía de Machado que reflejan esta dirección melancólica y crepuscular. Uno de ellos aparece en los versos de *Soledades*:

> Fue una tarde clara, triste y soñolienta,
> fiel de verano. La hiedra asomaba
> al muro del parque, negra y polvorienta...
> [...]
> La fuente sonaba.
> Rechinó en la vieja cancela mi llave;
> con agrio ruido abrióse la puerta
> de hierro mohoso y, al cerrarse, grave
> golpeó el silencio de la tarde muerta.
> En el solitario parque, la sonora
> copla borbollante del agua cantora
> me guió a la fuente. La fuente vertía
> sobre el blanco mármol su monotonía (2005: 431).

Otro ejemplo, también del poemario *Soledades*, muestra la misma imagen detenida:

Aparecen en esta cita que acabo de hacer del texto de García Morales dos obsesiones necesariamente ligadas en la poesía de Machado: el paso del tiempo y la muerte. Esta última se expresa con frecuencia a través de la oscuridad. La oscuridad en la que se encuentra el padre se asocia con la ceguera que vinculamos con la muerte, con un mundo sin formas, un mundo de sombras: la oscuridad de la tumba y del soterramiento, la oscuridad de la hora en que muere el día.

El tiempo y la muerte se transforman en entidades melancólicas, según Panofsky, a partir de la transformación que sufre la imagen clásica del tiempo en la Edad Media y el Renacimiento, cuando se impone una concepción lineal de la temporalidad frente al antiguo sentido cíclico y mítico. Esta visión moderna del tiempo, que avanza de forma irreversible hacia la muerte, refuerza su carácter destructivo y aniquilador. Es en este contexto cuando adquiere plena vigencia una identificación simbólica que se había gestado ya en la Antigüedad tardía: la fusión entre Kronos, el titán que devora a sus hijos, y Chronos, la personificación abstracta del tiempo. Aunque sus orígenes mitológicos son distintos, la similitud fonética entre ambos nombres propició esta confusión alegórica, que fue explotada por la filosofía neoplatónica y consolidada en la tradición medieval. A partir de entonces, el tiempo se representa como una fuerza devoradora, impasible y fatal: un «Padre Tiempo» melancólico, con guadaña o reloj de arena, que arrastra consigo toda vida (1983: 97-107). Esta idea perdura en el arte y la literatura occidental y adopta distintas formas a lo largo de los siglos, reapareciendo en el romanticismo, en el simbolismo, y, por

---

En la glorieta en sombra está la fuente
con su alado y desnudo Amor de piedra,
que sueña mudo. En la marmórea taza
reposa el agua muerta (2005: 449).

supuesto, en la vertiente simbolista de los escritores de la Generación del 98.

Efectivamente, en el texto de García Morales el interpelado es un muerto, y las alusiones a la muerte son directas desde la primera línea. Ya la palabra *tumba* nos sitúa en ese territorio, reforzado por la imagen de sus *grietas*. La grieta sugiere deterioro, descomposición, y, por tanto, ruina: un motivo iconográfico central en la cultura visual moderna –particularmente en el Romanticismo– para representar el paso del tiempo. La ruina, como huella de lo que fue y ya no es, opera como emblema de la temporalidad que corroe, deshace y convierte la materia en vestigio.

Adriana dice: «Mañana, en cuanto amanezca, iré a visitar tu tumba, papá. Me han dicho que la hierba crece salvaje entre sus grietas y que jamás lucen flores frescas sobre ella» (5). La imagen de la hierba salvaje actúa aquí como símbolo de temporalidad y muerte: es la vegetación que nace entre los escombros, los restos de lo que un día fue y ya no es. Su crecimiento espontáneo, no cultivado, indica abandono, desatención, olvido. La tumba se nos presenta así como un espacio agreste, sin rastro de cuidado humano, dominado por la fuerza lenta y persistente del tiempo. Esta misma asociación se encuentra en Luis Cernuda, quien escribe en su poema «Las ruinas»: «Silencio y soledad nutren la hierba / Creciendo oscura y fuerte entre ruinas» (2005: 323), subrayando la íntima relación entre ruina, soledad y naturaleza. Del mismo modo, Rodrigo Caro, en su elegía a las ruinas de Itálica, alude al jaramago –planta que crece en los escombros– como emblema de la temporalidad devastadora: «Este despedazado anfiteatro, / impío honor de los dioses, cuya afrenta / publica el amarillo jaramago, / ya reducido a trágico teatro» (Blecua 1984: 148). En todos estos casos, la vegetación silvestre simboliza el triunfo del tiempo sobre la forma, y la conversión de la materia en ruina.

La casa en la que Adriana escribe es una casa en ruinas, un espacio que, como vimos, se ha ido deteriorando de forma paralela a la degradación vital de Rafael. La ruina material acompaña así la ruina existencial, en una correspondencia simbólica que recorre todo el relato. Sin embargo, el momento más explícito en este sentido se produce cuando Adriana se encuentra con su hermanastro en las ruinas de Itálica, un lugar cargado de resonancias históricas y literarias, que inspiró memorables reflexiones sobre el paso del tiempo en la poesía de los Siglos de Oro[32].

El trasfondo de estos poemas sobre Itálica es el *ubi sunt*, la pregunta sobre el paradero de las grandezas del pasado. Este tema también está presente en el texto de García Morales, donde se establece un continuo contraste entre las grandes

32. El mejor ejemplo de esta visión del tiempo expresada a través de la ruina lo encontramos en la *Canción a las ruinas de Itálica*, de Rodrigo Caro, que acabo de citar, donde se establece una constante dualidad entre la grandeza del pasado romano y la desolación presente:

Estos Fabio, ¡ay dolor!, que ves ahora
campos de soledad, mustio collado,
fueron un tiempo Itálica famosa. [...]
De su invencible gente
sólo quedan memorias funerales,
donde erraron ya sombras de alto ejemplo.
Este llano fue plaza, allí fue templo:
de todo apenas quedan señales.
Del gimnasio y las termas regaladas
leves vuelan cenizas desdichadas.
Las torres que desprecio al aire fueron
a su gran pesadumbre se rindieron.
Este despedazado anfiteatro,
impío honor de los dioses, cuya afrenta
publica el amarillo jaramago,
ya reducido a trágico teatro,
¡oh fábula del tiempo!, representa
cuánta fue su grandeza y es su estrago (Blecua 1984: 148).

esperanzas de la niña y el efecto del tiempo en Rafael, así como lo que ella descubre a lo largo de los años. A través de este contraste, se subraya la transformación inevitable que trae el paso del tiempo, revelando cómo las ilusiones juveniles se ven erosionadas por la realidad.

Hay también un componente de novela de aprendizaje en esta obra, y la novela de formación, entre otras cosas, nos señala el paso del tiempo en el sujeto que crece[33]. Utilizo la expresión *grandes esperanzas* porque la novela de Dickens con ese título es, precisamente, una obra sobre el crecimiento, un proceso en el que el protagonista, Pip, atraviesa tanto ilusiones como desengaños. Los espacios deteriorados y llenos de tiempo de *El Sur* evocan en mí la imagen de la visita final de Pip a las ruinas de la casa donde, en su juventud, sufrió y tuvo ilusiones. Esta escena, cargada de melancolía, refleja el contraste entre la esperanza inicial y la dura realidad que el tiempo, inevitablemente, impone. Al igual que en *Grandes esperanzas*, en *El Sur* el proceso de maduración está marcado por la confrontación con los restos del pasado,

33. Epicteto José Díaz, al analizar *El Sur* y *Bene* de García Morales, señala: «En estas páginas analizaré dos de las primeras obras de García Morales, teniendo en cuenta que emplea dos tipos de relato: en *El Sur*, el modelo es la novela de aprendizaje, *bildungsroman*, aunque este sea problemático; mientras que en *Bene*, el tipo de narración sobre el que se construye es el relato de fantasmas» (2008: 224).

Díaz continúa: «En resumen, ambas narraciones parecen estructurarse como un proceso de formación, más claramente como novela de aprendizaje *El sur*, al ver la niñez desde un momento posterior, y, sin embargo, la fragmentariedad y lo extraordinario terminan por frustrar y dejar de lado las expectativas del lector. No parece que presenten una concienciación como mujer de las protagonistas, el paso a la identidad femenina, sino que esta solo queda apuntada, existiendo como posibilidad en un futuro que queda fuera del texto y cuya consistencia es solo la de lo proyectado o lo posible» (2008: 236).

donde las ruinas de los sueños antiguos son, al final, las que dictan el verdadero crecimiento del sujeto[34].

También me viene a la memoria *Grandes esperanzas* porque comienza con el protagonista en un cementerio. Y, como he dicho, Adriana inicia su texto mencionando una visita a la tumba de su padre. La palabra «tumba» nos conecta con un icono muy frecuente en la pintura y la literatura, especialmente desde el prerromanticismo y el romanticismo, para meditar sobre la muerte. De hecho, existe un grupo poético británico denominado la «escuela del cementerio». Uno de sus miembros, Young, fue una de las influencias para que Cadalso escribiera sus *Noches lúgubres*, obra situada en un cementerio, en la que el protagonista, Tediato, reflexiona sobre la muerte junto a la tumba de su amada. Frente a una tumba, también podemos imaginar la voz poética de Zorrilla en sus fragmentos elegíacos dedicados a Catalina:

> Solo, yo solo en tu sepulcro helado,
> elevaré mi cántico enlutado
> en una noche tenebrosa.
> No brillará la luna, y hará el viento
> que retumbe fatídico mi acento
> en tu cóncava losa (1943: 44).

34. Dice Dickens en *Grandes esperanzas*: «No había ya casa, ni fábrica de cerveza, ni edificio alguno salvo el muro del antiguo jardín. El terreno vacío había sido cerrado con una tosca valla y, asomándome por encima, vi que parte de la vieja hiedra había arraigado de nuevo y crecía, verde, en pequeños montículos de ruinas. La puerta de la valla estaba entreabierta, así que la terminé de abrir y entré.

Una niebla fría y plateada envolvía el atardecer y aún no había salido la luna que la disiparía, pero brillaban las estrellas más allá de la niebla. La luna apuntaba y la noche no era oscura. Podía señalar exactamente dónde había estado cada parte de la antigua casa, la fábrica de cerveza, las verjas, los barriles. Así lo había hecho ya y miraba el desolado jardín cuando observé en él una figura solitaria» (1997: 470-471).

El cementerio del romántico argentino Echeverría está lleno de sombras, dolor y melancolía:

> Un espectro confuso se levanta
> Y con faz melancólica me mira:-
> Tú, cualquiera que seas, habitante
> De esta mansión de luto misteriosa,
> Responde hoy a las dudas de quien viene
> A interrogar la muerte y los sepulcros
> Transido de dolor ¿por qué tus ojos
> Brotan lágrimas tristes y en tu frente
> Del funesto pesar vagan las sombras (1871: 116).

El Baroja más romántico y melancólico nos da también un buen ejemplo de visita solitaria a un camposanto. El inglés Thompson, uno de los personajes de *Memorias de un hombre de acción* rememora a su admirada Kitti ante su tumba en el cementerio de un convento (no es casual que para este pasaje elija a dos personajes ingleses):

> Al entrar en aquel cementerio abandonado, al ver el mar azul y el islote del Farallón, que brota de las aguas, al llegar al pie de la tumba donde duerme eternamente nuestra pobre Kitty, he llorado como un niño (1997: 1129).

El narrador sigue andando y se retira a meditar en otro cementerio rural, en el que, como sucede en el que está enterrado el padre de Adriana, las malas hierbas intensifican el sentimiento general de melancolía presente en la carta que escribe el inglés a Aviraneta:

> He mirado hacia dentro. En el camposanto, abandonado, las ortigas, las cicutas, las digitales y las zarzas crecían con una fuerza salvaje. Ni una lápida, ni una corona habían resistido al impulso avasallador de la flora

> plástica, bien abonada con los detritos humanos; solo algunas cruces de madera podrida se levantaban entre la masa espesa de los hierbajos; un pájaro de pecho rojo y cola larga saltaba sobre una de estas cruces y piaba dulcemente [...] (1130).

También la hierba vuelve a ser compañera de la muerte en este cementerio de Cernuda: «En torno de la iglesia esparce el cementerio / Sus tumbas viejas, caídas en la hierba / Como lebrel cansado ante los pies del dueño, / Y tras su tapia va la calleja solitaria» (2005: 374).

En la tumba del padre de Adriana hay hierba salvaje, que simboliza tanto el abandono como el paso inexorable del tiempo. Hay maleza, pero no flores, esa ofrenda espectral que tradicionalmente se asocia con la memoria y la compañía de los muertos. La ausencia de flores en el campo santo amplifica la sensación de soledad absoluta que rodea a Rafael. Esta carencia de flores, como una intensificación de la ausencia de los muertos, se expresa con intensidad en los versos del poema «Las muertes» de Olga Orozco:

> Son los muertos sin flores.
> No nos legaron cartas, ni alianzas, ni retratos.
> Ningún trofeo heroico atestigua la gloria o el oprobio.
> Sus vidas se cumplieron sin honor en la tierra,
> mas su destino fue fulmíneo como un tajo y ninguna otra.
> Por eso es que sus muertes son los exasperados rostros de nuestra vida (1979: 55).

En estos versos, Orozco sugiere que la insignificancia de los muertos, representada en la falta de flores, es una metáfora de la insignificancia de los seres humanos mismos. Los muertos sin flores no dejan huella en el mundo, y su destino fugaz y sin honor refleja la efimeridad de la existencia humana. De esta forma, la ausencia de flores en la tumba del padre de Adriana no solo resalta la soledad de Rafael, sino también la idea de que todos, en última instancia, somos igualmente vulnerables al olvido y a la insignificancia.

La tumba abandonada y las referencias a la oscuridad del comienzo de *El Sur* nos ofrecen una pauta para entender la línea de desengaño general que caracteriza el relato, en el que la hija descubre la desolación de un padre que, en un principio, se admiraba y se adoraba[35]. Esta tenebrosidad se entrelaza con el tono mortuorio al que me estoy refiriendo. En el texto de Baroja hemos visto cómo la sombra se asocia con la muerte, reflejando la naturaleza huidiza y efímera de nuestras vidas, pero también lo sombrío se vincula a la muerte a través de la oscuridad, que evocamos en relación con la no visibilidad y la subterraneidad del mundo de los muertos, al que también solemos llamar el «mundo de sombras». La palabra «tumba», en las primeras líneas de García Morales, está en consonancia con las numerosas alusiones a la oscuridad presentes en las dos primeras páginas del texto. Ya en los poetas del cementerio, dicha oscuridad se vinculaba estrechamente al lugar donde descansan los muertos. Blair, en su poema *The Grave*, despliega un profundo sentido de nocturnidad y oscuridad, las cuales, en su caso, se asocian con lo fantasmagórico y lo temible[36].

35. En otra novela de García Morales, *La tía Águeda*, aparece otro cementerio descrito de forma parecida, aunque con más énfasis en lo siniestro, que en *El Sur:* «El cementerio estaba completamente vacío y dividido por un ancho camino de tierra bordeado por cipreses. La hierba crecía ante las tumbas y surgía de las ranuras de las lápidas. Yo sentí, sobrecogida, una multitud de presencias amenazadoras, [...]» (1995: 23).

36. Cito como ejemplo algunos versos de este poema: «Men shiver, when thou'rt nam'd: Nature appall'd / Shakes off her wonted Firmness. Ah! How dark / Thy long extended Realms, and rueful Wastes! / Where nought but Silence reigns, and Night, dark Night, / Dark as was Chaos, 'ere the Infant Sun» (1903: 1).

Y es natural que la oscuridad se asocie al lugar de enterramiento de los cadáveres, proyectándose también sobre quien lo visita. La tenebrosidad del espacio funerario contamina emocionalmente al vivo, que se ve envuelto en la misma penumbra espiritual que rodea al muerto. Así lo expresa Echeverría en el poema ya citado, al referirse a quien se aproxima al cementerio: «a visitaros / viene un alma enlutada y borrascosa». La figura del visitante queda, así, envuelta en una oscuridad que ya no es solo física, sino también anímica, en sintonía con el entorno de muerte, silencio y desolación.

La palabra *sombra* alude a lo inasible, y por ello a lo inaprensible, a lo esquivo y huidizo que es esta vida. Se convierte en una imagen recurrente para expresar el carácter fugaz del tiempo, esa condición efímera que el tópico *tempus fugit* sintetiza tan bien. Al personaje de Baroja que mencioné anteriormente le viene a la mente, en el cementerio, una sentencia que un día leyó en la torre de una iglesia en un pueblo vascofrancés: «*Ut fugitur umbra, sic vita*» («Como huye la sombra, así es la vida») (1997: 1130). Esta frase condensa de manera elocuente la meditación sobre el paso del tiempo y sobre la sombra como símbolo de la evanescencia de la existencia.

En el *Libro de Job*, tan citado a lo largo de los siglos para expresar la rapidez y destructividad del tiempo, se dice: «El

---

En estos versos de *The Grave*, Blair describe el reino de la muerte como un lugar oscuro y aterrador, donde la naturaleza misma se estremece ante su presencia. La «noche oscura» y la «oscuridad de los reinos» de la muerte se asocian con la ausencia de vida y de luz, lo que intensifica la sensación de desolación y terror que caracteriza la muerte. Este tono oscuro y temible se refleja también en el tratamiento de la muerte en el texto de García Morales, donde las referencias a la oscuridad y la tumba sugieren un mundo de sombras, ausente de vida y memoria.

hombre, nacido de mujer, tiene una vida breve y cargada de tormentos. Como una flor, brota y se marchita; huye sin detenerse, como una sombra» (Jb 14,1-2).

Tan lejos como al Antiguo Testamento podemos remontarnos para mostrar las profundas raíces simbólicas de muchas de las imágenes que aparecen en *El Sur*. La asociación entre la vida y la sombra, entre lo humano y lo efímero, ya estaba formulada con una fuerza que resonará siglos después en la poesía barroca, en el romanticismo y, finalmente, en la literatura contemporánea, donde persiste como emblema del desengaño y de la fragilidad de la existencia.

## VI

Hay un intenso halo necrófilo en *El Sur*: la muerte no es solo algo que se debe llorar, lamentar o temer, sino también algo que ejerce una atracción profunda, estética y hasta placentera. Cuando me refiero a la necrofilia lo hago en el sentido amplio del término, tal como lo plantea Erich Fromm: no restringido únicamente al ámbito sexual, sino entendido como una fascinación vital por lo inerte, lo oscuro, lo decadente y lo muerto. Desde esta perspectiva, la obra de García Morales se inscribe en una sensibilidad que encuentra en la muerte no solo un motivo de angustia, sino también una fuente de belleza y contemplación.

Para Fromm, la necrofilia era una pulsión de muerte que, en su corpus teórico, se oponía radicalmente a la biofilia: «No hay distinción más fundamental entre los hombres, psicológica y moralmente, que la que existe entre los que aman la muerte y los que aman la vida, entre los necrófilos y los biófilos» (2006: 37). Esta oposición, en el pensamiento del psicoanalista, celebra al biófilo por su apetito vital, su inclinación hacia todo lo que posee vida, color y crecimiento, frente al sórdido necrófilo, atraído por la destrucción, la decadencia y la oscuridad. No niego el valor político, ético o histórico de dicha oposición; sin embargo, en el terreno de la estética la lectura debe ser distinta. No podríamos comprender algunas de las páginas más intensas y bellas de la literatura –y del arte en general– sin esa pulsión hacia el reposo final, sin ese encuentro catártico con la sombra. El arte nace, muchas veces, de la tensión entre Eros y Tánatos, entre el impulso de crear y el de destruir, en un diálogo continuo que no solo no niega la muerte, sino que la incorpora como forma de comprensión y belleza.

La propia narradora, ya en la segunda página, comprende el suicidio de Rafael e incluso muestra una identificación profunda con su padre suicida. Una parte del espíritu mortuorio que anega *El Sur* proviene precisamente de esa oscuridad siniestra que envuelve muchas de sus páginas. Oscuridad y necrofilia –en el sentido amplio que ya hemos comentado– que García Morales desarrollará de forma aún más intensa y extensa en otra de sus obras, *La tía Águeda*, donde el vínculo entre la muerte y las tinieblas se convierte en eje central del relato. Esta profundización del vínculo entre muerte y tinieblas confirma el tránsito temático desde *El Sur*: si en aquella obra la necrofilia y la oscuridad funcionaban como preludio, en *La tía Águeda* se convierten en eje central, narrativo y estético, al representar la infancia y la armonía rota por la presencia persistente de lo mortal[37].

La nocturnidad está presente desde la primera frase de *La tía Águeda*, cuando se describe la partida hacia la casa del personaje titular: «Ya era de noche cuando mi padre me despertó» (1995: 9). Apenas unas líneas más adelante, en la

37. Dice Fromm: «al individuo necrófilo lo atraen la oscuridad y la noche (2006: 41)».

narración del viaje, vuelve a aparecer la palabra *oscuridad*: «Una densa oscuridad cubría los campos que atravesábamos» (9). Esta presencia de la oscuridad no es solo ambiental, sino que impregna emocionalmente la experiencia de la protagonista. En la casa de la tía Águeda, la penumbra reina en todos los rincones y se vincula estrechamente a la muerte:

> Entramos en un patio de suelo empedrado, estaba en penumbra, iluminado solo por un farol de una luz muy débil. En la pared del fondo se hallaban apilados unos cuantos tablones de madera. En seguida sufrí una suerte de desencanto y me sentí inmersa en una atmósfera mortecina y triste (10).

La luz, ya calificada como *débil*, será posteriormente nombrada como *mortecina*, adjetivo que intensifica la sensación de deterioro vital: «La luz seguía siendo mortecina, la casa entera parecía reposar en penumbra y se respiraba en ella una extraordinaria quietud. La tía Águeda llevaba sobre los hombros una toquilla de lana de color gris» (10). Finalmente, la oscuridad se convierte en un rasgo definitorio del espacio: «Pasamos a un salón de amplias dimensiones e iluminado por una sola lámpara baja. La penumbra parecía ser la iluminación de toda la casa» (11).

Esa atmósfera siniestra se condensa simbólicamente en una muñeca, cuya descripción sintetiza claramente la relación entre oscuridad y muerte en la novela:

> Subimos al dormitorio y sacó de un baúl una muñeca antigua ataviada con un vestido de organdí con encajes, de un color blanco agrisado por el polvo, y unos zapatos negros de charol. La expresión de su rostro me sobrecogió al instante. Sus ojos negros brillaban como si

> estuvieran vivos y me miraban amenazadoramente desde un mundo diferente al mío, desde un mundo que se me antojó siniestro y casi de ultratumba. Sentí como si un cadáver me mirase fijamente (13).

Volviendo a *El Sur*, ese tono lúgubre se intensifica por el desasosiego que produce la indefinición tanto del espacio como de los personajes. La obra está marcada por el silencio en torno a aspectos clave de la narrativa. Por ejemplo, de la casa solo sabemos que está aislada y es grande; no se nos ofrecen más detalles sobre su disposición o sus características. Lo mismo ocurre con los personajes. Aunque *El Sur* no es una obra fantástica, la ausencia de detalles específicos sobre los lugares y las personas genera una sensación inquietante. En general, los espacios bien definidos tienden a inquietarnos menos que aquellos sobre los que no tenemos información clara. Lo que queda indefinido, sin especificación, permanece en sombras. Este efecto es comparable al estilo tenebrista de ciertos cuadros o a los planos de la película *El Sur* de Víctor Erice. En una escena de este filme, el padre aparece en la iglesia saliendo de entre las sombras, un espacio indefinido, lo que no solo subraya su marginalidad, sino que también provoca una sensación turbadora sobre el personaje. De manera similar, lo no dicho, lo que queda en la penumbra, es lo que escapa al concepto claro, aquello que no tiene la luz de la comprensión, permaneciendo sumido en la sombra.

El paso del tiempo conduce a la muerte, y esta es mencionada de forma desgarrada por Adriana, muy diferente al paso del tiempo que en silencio y con doloroso sosiego nos muestran las imágenes simbólicas del filme. Adriana expresa: «Aquella noche sentí que el tiempo era siempre destrucción. Yo no conocía otra cosa. El jardín, la casa, las personas que la habitábamos, incluso yo con mis quince años, estábamos envueltos en aquel mismo destino de muerte que parecía arrastrarnos contigo» (37).

Ese aliento de muerte, de deterioro y destrucción lo tiene el propio espacio familiar, espacio que muestra el contraste entre las ilusiones infantiles y la cruda adolescencia:

> Un aliento de muerte envolvía ahora lo que, años atrás, había sido el escenario mágico de nuestro juego predilecto. Solo quedaba el romero que dibujaba los caminos del jardín y los árboles y matas que no habían necesitado para sobrevivir más que el agua que les había caído del cielo. Todas las demás plantas habían muerto y permanecían allí, secas y olvidadas, tentando a la memoria, reconstruyendo para nosotros algo que no recuperaríamos jamás (36).

## VIII

Un relato, *El Sur*, tocado por la muerte en lo más profundo; un diálogo de Adriana con su padre muerto, un diálogo espectral en el que el receptor no puede contestar: una especie de copla a la muerte de un progenitor. Hay, ciertamente, en la obra de García Morales un tono elegíaco (digo «tono»; no afirmo que se trate propiamente de una elegía).

Siguiendo la tradición literaria española del tiempo y la muerte, resulta especialmente interesante comparar lo que la hija dice a su padre en *El Sur* con las *Coplas por la muerte de su padre* de Jorge Manrique. Es cierto que se trata de textos distintos, escritos en épocas muy diferentes, pero en ambos casos estamos ante la muerte, ante la pérdida de un ser querido y, más específicamente, de un padre. Se trata de emociones que conmueven de forma similar a sujetos de sociedades muy distintas, como señala Eduardo Camacho en su conocido estudio sobre la elegía fúnebre[38].

El *planto* medieval ensalza la memoria del fallecido y lamenta su pérdida: «El muerto reúne en sí las virtudes más apreciadas: la valentía guerrera, la elocuencia, la cortesía «palaciana». Es un verdadero dechado, ejemplo y modelo de una cierta clase social» (2009: 138). Mientras que el recuerdo melancólico de Adriana en *El Sur* es más complejo, acorde con la ambigüedad que la melancolía lleva consigo. No se trata de un homenaje idealizado, sino de una evocación íntima, marcada por la pérdida, el silencio y las preguntas sin respuesta que deja la muerte del padre. Esta diferencia subraya el paso de una visión heroica y social del duelo, como en las *Coplas por la muerte de su padre*, a una visión introspectiva y emocionalmente ambigua, característica de la sensibilidad contemporánea.

Adriana se lamenta por la muerte de su padre y nos canta su grandeza. Es un elogio del padre visto a través de los ojos de la niña que fue, pero tamizado por la mirada lúcida y más compleja de la narradora adulta, que ya ha conocido su sombra. La grandeza del padre no responde a las virtudes oficiales de una clase social ni a los valores ejemplares de ningún colectivo; no es un dechado de virtudes públicas. Se trata, más bien, de una respuesta íntima, profundamente personal, de una mujer hacia su progenitor: un canto privado, cargado de emoción ambigua, que se distancia del homenaje

38. Esto dice Eduardo Camacho refiriéndose al largo alcance temporal de las características de la elegía funeral: «… la elegía funeral es expresión de un estado de ánimo elemental, primigenio, general y común a todos los hombres. El hombre de la Edad Media no es igual al del siglo XVII o al del siglo XX, pero los tres tienen necesariamente que enfrentarse a la muerte, ya sea la propia o la de otros. Cada hombre puede sentir ante un paisaje de manera diferente, pero sus reacciones ante la muerte de un ser querido son por lo general semejantes a las de los demás hombres» (2009: 43).

heroico y colectivo que encontramos en las *Coplas por la muerte de su padre*. La figura paterna aquí no es un modelo social, sino una presencia afectiva, contradictoria, que persiste en la memoria con toda su complejidad humana.

También resulta problemático el suicidio del padre si se mantiene la comparación con el *planto* tradicional, ya que no puede interpretarse como una culminación virtuosa de la vida, sino más bien como la manifestación de una existencia dolorosa y desgarrada. Frente al modelo heroico y ejemplar del muerto en las *Coplas por la muerte de su padre*, aquí la muerte no enaltece, sino que revela una fragilidad. Sin embargo, puede leerse también como una forma de valentía melancólica: la decisión de elegir la propia muerte como último acto de afirmación individual. Esta ambigüedad, lejos de restar profundidad al personaje, lo enriquece dentro de un marco contemporáneo en el que la grandeza no se mide por hazañas públicas, sino por la densidad emocional.

La grandeza del padre de Adriana radica, sobre todo, en su sabiduría telúrica: un conocimiento intuitivo, ancestral, vinculado a la tierra y a sus misterios. La hija se identifica con él desde un lugar melancólico y, en cierto modo, narcisista, al reconocer en esa sabiduría mistérica un antecedente de su propia escritura. Como ya se ha dicho anteriormente, Rafael se sumerge en lo oscuro –en la tierra– para extraer agua, como quien busca la vida en las profundidades. Del mismo modo, la escritura de Adriana bucea en las zonas sombrías del pasado, en los silencios y las ruinas de la memoria, con el fin de elaborar una catarsis. Quien escribe se adentra en un saber oscuro, en los misterios de la existencia, como lo hace el mago o el alquimista. La escritura, en este sentido, es una forma de alquimia. Y en este caso, una alquimia melancólica que se sumerge en las sombras del pasado para posibilitar una salida simbólica de las ruinas familiares, una transmutación del dolor en palabra.

Aun así, dentro de la tradición melancólica, nunca se alcanza un conocimiento pleno ni absoluto –ya lo hemos señalado–. El tiempo, más que revelar verdades definitivas, muestra apenas lo suficiente para que advirtamos los límites del conocimiento humano y la naturaleza fantasmagórica del mundo que habitamos. La melancolía no ofrece respuestas concluyentes, sino una visión incierta y fragmentaria de la realidad. Ayax, en la tragedia de Sófocles, lo expresa con lúcida desesperanza en una cita que condensa esta concepción melancólica del tiempo y de la precariedad de nuestras representaciones: «El tiempo largo y sin medida saca a la luz todo lo que era inevitable, así como oculta lo que estaba claro. Nada hay que no se pueda esperar, sino que son doblegados, incluso, el terrible juramento y las mentes obstinadas» (1986: 151-152). El tiempo, entonces, no conduce a una verdad, sino a la conciencia de nuestra fragilidad.

Ayax es uno de los melancólicos insignes mencionados por Aristóteles; podríamos decir incluso que es uno de los suicidas ejemplares que el filósofo asocia con esta condición, pues en muchos de ellos la autodestrucción es el síntoma último de su melancolía. Ayax se quita la vida con su propia espada y pronuncia, con temeraria lucidez, un discurso donde resuena claramente una ética trágica y sombría:

> Porque vergonzoso es que un hombre desee vivir largamente sin experimentar ningún cambio en sus desgracias. ¿Cómo puede alegrarnos añadir un día a otro y apartarnos de morir? No compraría por ningún valor al hombre que se anima con esperanzas vanas; el noble debe vivir con honor o con honor morir. Mi discurso por entero has escuchado (1986: 145).

El suicidio de Rafael es también parte de esa herencia melancólica, en general, y romántica, en concreto, que se manifiesta en *El Sur*[39]. A partir del siglo XIX, el suicidio y la muerte prematura tienen un largo recorrido cultural[40]. Esa muerte que él pospone por amor a su hija y esa muerte elegida que la hija, ya hemos dicho, identificándose con el carácter saturnino de su padre, comprende. La muerte para el padre es una liberación de una vida frustrada en un ambiente en el que se asfixia. Tal sentimiento de liberación tiene raíces, como he dicho, románticas, que si bien aquí no contiene toda la retórica de grandeza que la muerte encuentra en algunos autores decimonónicos[41], sí presenta una cierta heroicidad en el abandono de una sociedad de filisteos. Un claro ejemplo de cruce de lo melancólico y lo sublime.

39. La lista que ofrece Földényi de muertes prematuras entre los románticos es abrumadora: «Novalis, de 28 años; Wackenroder, de 25; Kórner, de 22; el cuentista Hauff, de 25 años; Büchner, de 22; Chatterton, de 18; Keats, de 26; Strachwitz, de 25; White, de 21; Kleist, de 34; Wilhelm Müller, de 33; Grabbe, de 35; Wilhelm Waiblinger, de 26; María Mnioch, de 20; Carles Wolfe, de 35; Froude, de W.W.; Shelley, de 30; Burns, de 27; Byron, de 36; Anne y Emily Brontë, de 29 y 30 años respectivamente; Karoline von Günderrode, de 26, y Platen, un tanto mayor, que murió a los 39 años» (2008: 228-229). En el ámbito hispánico, podríamos mencionar también los nombres de Larra y Bécquer, que murieron con 28 y 34 años, respectivamente.

40. Hasta en el pensamiento de Nietzsche, tan amante de los impulsos vitales, aparece la cara dulce del suicidio: «El pensamiento del suicidio es un poderoso medio de consuelo: con él se logra soportar más de una mala noche» (1986: 108).

41. Rafael Argullol sintetiza de esta forma la grandeza que el suicidio tiene para los románticos: «El suicidio convierte al romántico en definitivo dueño de sí. La autodestrucción le remite al pleno dominio de su identidad… El suicidio es arrojarse al volcán para, en la aniquilación, reposar en el inalcanzable Único» (1990: 421).

# VI
# La sombra y la melancolía en *El Sur* de Erice

## I

Omero Antonutti camina en *El Sur* por una calle del Norte, oscura y solitaria, más oscura y más solitaria por estar en una ciudad de provincias de otro tiempo, allá por el comienzo de los años sesenta. Antonutti recorre una ciudad cuyo tiempo se espesa aún más por estar rodeada de murallas, cerca de un río, una ciudad que siempre vemos envuelta en sombras: las sombras del crepúsculo, las sombras de la noche. Arrastra su propia sombra negra con la profesionalidad de un borracho tranquilo, melancólico. Con la inutilidad propia del borracho, no es capaz de encender su cigarrillo y pide fuego, luego se abandona al humo que lo envuelve. Pero no estamos solos en este momento: lo vemos con los ojos de su hija, que también pasea sola por la noche y lo mira con tristeza. Ya no lo observa desde abajo, como cuando era niña y lo admiraba; ahora lo mira de frente, con melancolía, porque ha pasado el tiempo y ya no puede mirarlo igual. Y nosotros, con Estrella, lo mirábamos en contrapicado. Ella lo observa con desaliento, porque él la ha dejado tocada, devorada para siempre por su melancolía.

Esta es la película de un padre saturnal que devora, sin querer, a su pesar, y cuya carga de culpa, nacida de su melancolía, lo hace aún más melancólico.

El mal de Agustín es contagioso para su hija y para el espectador. A medida que acompañamos a Estrella, nos vamos empapando lentamente de una lluvia fina de emociones melancólicas. De forma imperceptible, a través de imágenes simbólicas que no se explicitan como tales, se nos revela toda la iconografía tradicional de la melancolía. Caminos que son tiempo, donde una figura solitaria se aleja; árboles sin hojas que nos hablan de estaciones de fría oscuridad; una casa solitaria, separada de la ciudad; diálogos de plano y contraplano entre figuras aisladas, acompañadas estas de una luz fría y norteña, o fragmentadas por las sombras de la pintura tenebrista que las parte en dos. El Norte nevado y el Sur, solo evocado por postales pintadas (no vemos el Sur, por causas ajenas al director, pero lo importante es que no lo vemos). Erice, famoso por citar a Vermeer y al tenebrismo, incorpora, sin mencionarlo explícitamente, toda la herencia melancólica. Esta tradición, ya se ha dicho, está tan grabada en nuestro inconsciente cultural, en nuestros hábitos emocionales y en nuestra consideración de lo excepcional, especialmente en el arte, que actúa sobre nosotros casi sin darnos cuenta.

## II

En toda película existen imágenes sintomáticas, aquellas que no juegan un gran papel en el avance del relato, en el conflicto entre los personajes o en la expresión de sus ideas, pero que, al igual que los pequeños detalles del lenguaje corporal de una persona, nos revelan mucho sobre cómo se construye el filme y lo que realmente importa en él. Parto de uno de estos momentos, de uno de estos pequeños gestos, para analizar la melancolía en *El Sur*.

En una de las primeras secuencias del filme, Agustín se aleja una mañana de cielo nublado en su moto por una carretera solitaria, bordeada de árboles, en un plano que nos transmite una profunda soledad melancólica. Una figura solitaria en un paisaje vacío indica aislamiento, como señala Bousoño al referirse a la poesía de Machado:

> He observado con alguna frecuencia que la absoluta desnudez de un paisaje (natural o pictórico) no suele producir en el contemplador una impresión de soledad tan intensa como cuando es perceptible, en medio de la desolación, un elemento *aislado* (por ejemplo, un hombre o un árbol), y es que, claro está, la soledad se manifiesta ante lo *solo*. Paradójicamente diríamos que en un paisaje absolutamente desértico no posee soledad en sentido estricto, o es más difícil que en tal caso ésta se nos patentice con suficiente vigor (1985: 304).

Esta forma de soledad afecta en diversos momentos de la película al padre, pero también vemos en varias ocasiones a la protagonista sola, ya sea como niña o adolescente, especialmente cuando se desplaza en bicicleta por una ciudad oscura y vacía o por el mencionado camino. Conmueve particularmente su soledad en la escena del columpio, esperando a Agustín, o cuando, mascullando con amargura, reflexiona sobre las difíciles relaciones de sus padres.

Muy frecuentemente, en *El Sur*, los personajes aparecen solos en el encuadre, ya sea en un paisaje, en la ciudad o en la casa, siempre en soledad y en una actitud meditativa.

Incluso en los diálogos, los personajes parecen estar aislados, como si el acto de comunicarse no fuera suficiente para superar el abismo emocional que los separa. Este sentimiento de aislamiento se vuelve especialmente evidente en el último encuentro entre padre e hija, en el hotel donde ambos comen. En esta escena, las dos figuras no comparten el mismo plano; sus imágenes se alternan en un plano-contraplano que refleja la distancia emocional entre ellos. Este recurso cinematográfico nos remite a los encuentros de solitarios perdedores de las películas de Nicholas Ray, cineasta admirado por Erice. Al igual que en las películas de Ray, donde los personajes se enfrentan a sus propios demonios y a la soledad existencial, en *El Sur* el uso del plano-contraplano enfatiza la separación entre los personajes, a pesar de la proximidad física. La ausencia de conexión profunda entre padre e hija se resalta en este montaje, sugiriendo que, aunque están juntos, permanecen separados emocionalmente, incapaces de alcanzar una verdadera comprensión mutua.

El padre lucha por salir de su soledad escribiendo a su amante o intentando recuperar el afecto de su hija invitándola a comer en el hotel. En esos momentos, se nos ofrece una imagen dolorosa de su aislamiento:

> Esta lucha de Agustín por escapar de la insoportable soledad en la que vive se narra en tres escenas. Las tres se desarrollan en espacios públicos, como la cafetería y el Gran Hotel, y en ellas aparece solo o acompañado de personas con las que apenas se comunica. En estos momentos, está rodeado de cristales que, por su transparencia, enfatizan aún más su aislamiento, creando una barrera visual que refuerza su desconexión emocional. Este recurso formal es similar al utilizado en otras obras cinematográficas, como en *Noctámbulos* y *Oficina en*

> *Nueva York*, donde los personajes se encuentran rodeados de superficies transparentes que reflejan su soledad existencial (Cerrato 2006:: 128).

La narración en imágenes, en estos casos y en otros momentos de la película, busca crear la mayor impresión de soledad posible, mostrando a los personajes en el encuadre sin la presencia de otras figuras humanas. Un ejemplo destacado es el último plano de la escena en la que el padre lee la carta de Irene Ríos. En este plano general, la cámara nos presenta a Agustín aislado, con una mirada melancólica que comunica su desconexión con el entorno. Rodeado de espejos, Agustín no solo está dividido internamente, sino que también aparece como un sujeto aislado en las proyecciones de su propia mente. Esta fragmentación de la imagen refleja su conflicto interno y su desconexión emocional. El sonido subraya esta situación de aislamiento y desencanto, destacando la disonancia de un piano desafinado que refuerza la sensación de desajuste y vacío en su interior.

En el último diálogo entre padre e hija, se hace patente la soledad a través de la imposibilidad de comunicación entre ellos. El padre, vestido de gris y con una pared al fondo, bebe alcohol; mientras que Estrella, vestida de rojo, está iluminada por la luz que entra a través de una ventana detrás de ella, con una flor roja al lado. Su juventud, simbolizada por el color y la flor, nos habla de la vida que tiene por delante, mientras que él parece atrapado en su melancolía y su aislamiento. Al final de la secuencia, ella queda al otro lado del cristal, separada de los que bailan en una fiesta de boda. Esta imagen resalta la distancia emocional entre ellos, una separación física y simbólica.

Sin embargo, la hija sigue viva, sigue adelante, va a clase de francés, mientras que el padre, en su último plano, aparece solo y pequeño en un gran plano general. Este es el último momento en el que lo vemos con vida en toda la película, y la emoción de soledad se intensifica con la voz en *off* que, de manera sigilosa, nos dice que Estrella lo dejó solo, «abandonado a su suerte». Esta frase, además de reforzar su aislamiento, subraya la impotencia del padre y la ruptura definitiva entre ambos.

En esta sensación de soledad incide el silencio: se trata de una película sigilosa desde su inicio. Los títulos de crédito aparecen lentamente sobre fondo negro, sin un solo sonido. Al final, tal sigilo es roto únicamente por el lejano ladrido de un perro. Ese sonido aislado, que emerge donde reina el mutismo, es analizado por Bousoño como símbolo de la soledad en Machado:

> De parejo modo, se siente como más acusado el silencio cuando interrumpido por un sonido único; tal y como ocurre en los versos de Machado que acabo de copiar. Machado utiliza, pues, el murmullo del viento o del agua como símbolo del silencio y a la vez como símbolo de la soledad, ya que inconscientemente podemos asociar lo silencioso a lo solitario (Bousoño 1985: 304).

Tomo algunos de los versos de Machado citados por Bousoño:

> Y todo el campo un momento
> Se queda mudo y sombrío
> meditando. Suena el viento
> en los álamos del río (Bousoño 1985: 303).

> Yo en la tarde polvorienta
> Hacia la ciudad volvía.
> Sonaban los cangilones de la noria soñolienta.
> Bajo las ramas oscuras caer el agua se oía (1985: 303).

Pero de todos los versos citados por Bousoño destaco estos en los que tan claro se ve el vínculo entre melancolía y soledad:

> Calló la voz y el violín
> apagó su melodía.
> Quedó la melancolía
> vagando por el jardín.
> Solo la fuente se oía (1985: 304).

Volviendo a una secuencia poco relevante desde el punto de vista de la historia narrada en el filme: en medio de un paisaje silencioso, suena la moto de Agustín, no muy fuerte, que se aleja. Esta sensación de un sonido único en medio del silencio es paralela a la imagen de una figura aislada en un paraje deshabitado, como mencioné anteriormente.

Los sonidos en esta película aparecen de forma aislada: nunca la música extradiegética se mezcla con las voces de los personajes. Esta música, casi siempre constituida por solos de piano –en su mayoría piezas de Granados–, surge en momentos avanzados de secuencias que comienzan en completo silencio.

Los personajes hablan de uno en uno, y generalmente lo hacen acompañados por imágenes que los muestran solos en el encuadre. Un caso significativo de esto es el ya mencionado último diálogo entre la hija y el padre en la cafetería del hotel.

Pero el silencio es parte sustancial de la melancolía. En el relato, el padre impone el silencio a su familia y él mismo se sume en el mutismo. En la película, además de la sobriedad sonora que acabo de señalar, está también el silencio que proviene de lo poco que hablan los personajes, y de lo parca que es la voz de la protagonista en su edad madura.

László F. Földényi nos dice lo siguiente sobre el vínculo entre el silencio y la melancolía:

> Para quien ve los secretos más recónditos de la existencia, las palabras pierden su significado, se agrietan y solo revelan su carácter efímero. El melancólico se ve obligado al silencio. El propio Aristóteles observó este síntoma externo: «Los melancólicos que enloquecen se sumen en un mutismo absoluto» (2009: 51).

A lo largo del filme, se suceden varias secuencias en las que el enigmático Agustín se desplaza en silencio frente a la cámara, entregado a alguna actividad inscrita en su saber hermético, casi ritual, mientras es observado por su hija. Otras veces simplemente aparece sumido en una desesperación muda, con la mirada perdida, sin pronunciar palabra. En ambos casos, el silencio que lo rodea no es mero vacío sonoro, sino expresión de una interioridad opaca, cerrada, que se resiste al lenguaje. Esa mudez corporal –ese callar del cuerpo tanto como de la voz– lo envuelve en un aura de misterio que la película nunca termina de desvelar del todo.

Efectivamente, en esta película hay algo que queda por decir y que, sin embargo, no debe ser dicho. No por omisión o negligencia, sino por respeto al misterio que la obra cultiva con delicadeza. Lo no dicho actúa aquí como un límite necesario: explicitarlo sería traicionar su naturaleza, romper el equilibrio entre lo visible y lo sugerido. Hay zonas de sentido que la película prefiere dejar en penumbra, no porque carezcan de importancia, sino porque pertenecen a ese orden de lo indecible que la melancolía –como el silencio– guarda celosamente.

El padre se aleja en la moto por un camino que la voz en *off* nombra como «la frontera», acentuando así la carga simbólica del aislamiento: frontera como límite, como umbral entre lo conocido y lo inalcanzable, entre la pertenencia y la exclusión. Desde un punto de vista visual inmediato –es decir, en lo que la imagen sugiere sin necesidad de otros datos–, lo que vemos es una figura que se aleja de nuestro campo de visión, que se va. Y ese simple gesto, esa retirada progresiva hacia el fondo del encuadre, intensifica la sensación de separación y desamparo.

La película construye una auténtica poética de la separación, del abandono, que se manifiesta con especial claridad en esos planos donde los personajes se internan en la profundidad de campo por el ya mencionado camino y se alejan del objetivo. El alejamiento físico se convierte así en una metáfora visual de la distancia emocional, de los vínculos rotos o nunca del todo establecidos[42].

El final de la alegría infantil y de la identificación idealizada con el padre se marca simbólicamente con el regreso de la abuela y de la simpática niñera a Sevilla por el mismo camino que, a lo largo de la película, ha funcionado como eje visual de separación. Este regreso tiene lugar justo después de la Primera Comunión, momento que también introduce el nombre de Irene Ríos y con él, el inicio de la sospecha.

Del mismo modo, el fin de la infancia queda visualmente expresado en la imagen de la niña alejándose en bicicleta por esa misma carretera flanqueada por árboles; una escena inmediatamente seguida por su reaparición como

42. Esto dice Antoine Jaime sobre las apariciones y partidas de la película: «El público se ve, pues, guiado igual que en el libro en la exploración de las edades y de los estados de alma de Estrella. Con una construcción tanto más relevante cuanto que cada uno de los momentos que acabamos de evocar progresa hacia un clímax, antes de concluir –breve anticlímax– con una partida» (2000: 251).

adolescente, como si el trayecto recorriera simbólicamente el paso del tiempo y la pérdida de la inocencia.

Y aunque no vemos al padre alejarse físicamente por ese camino en el momento de su suicidio, es evidente que, a través de ese acto, también él se va, se ausenta, se retira del mundo –de su hija, que lo había abandonado simbólicamente, y del resto de las figuras afectivas que lo rodeaban, incluida su amante. Tras la última conversación en el hotel, cargada de resignación, queda la sensación de que ya no hay retorno posible. El camino se convierte así en símbolo de la ruptura definitiva, del exilio emocional y, finalmente, del adiós.

El sentimiento de soledad se acentúa por diversas circunstancias en la vida de los protagonistas: son gente del sur que vive en el norte, exiliados dentro de su propio país. El padre es republicano y la madre, una maestra represaliada. Además, la casa en la que viven está situada fuera de la ciudad, y sus costumbres son distintas a las del entorno que los rodea.

Una expresión especialmente elocuente de este aislamiento se encuentra en la conversación entre el padre y la hija, ajenos al resto de la gente y separados por una mampara de la celebración de una boda. Al otro lado, la fiesta reúne a los invitados; del lado de ellos, en cambio, no hay nadie más. Están completamente solos en un salón donde nadie más come. Esa soledad se subraya visualmente con grandes planos generales que muestran sus figuras pequeñas, casi perdidas, en la amplitud desolada del comedor de un hotel.

## III

Son nómadas, y ese estatus se expresa claramente en una de las primeras secuencias de la película, cuando vemos a la familia viajando en tren. La imagen está acompañada por la voz en *off* de la protagonista madura, que recuerda: «Nos trasladábamos de un lugar a otro».

Földényi considera el nomadismo una característica esencial del temperamento melancólico. El melancólico, escribe, es un «hijo de Saturno» que no encuentra su hogar en ningún sitio, no sabe dónde aferrarse y se siente constantemente marginado. Esta cita en la que comenta una carta de Petrarca al Dux de Venecia es ciertamente expresiva en este sentido:

> Un hijo de Saturno no encuentra su hogar en ningún sitio; no sabe dónde agarrarse y se siente marginado. El melancólico Petrarca escribe en una carta al dux de Venecia: «De un sitio al otro me arrojan y no abrigo ninguna esperanza de encontrar la calma en algún lugar. Sé que a la paz solo se accede al precio de duras en incesantes torturas, que se llega a ella con suspiro, gemidos y con el peor de los tormentos terrenales, el miedo a los tormentos y padecimientos eternos» (2000: 105-106).

El nomadismo melancólico guarda una estrecha relación con el vagabundeo[43]. Para el melancólico, la tierra se convierte en un espacio de tránsito sin una dirección clara, una constante deriva. Usando las palabras de Cernuda, podemos decir que se mueve como un Ulises «sin Ítaca que aguarde y sin Penélope», vagando sin un destino al que regresar, sin la promesa de un hogar que lo reciba.

Agustín y Estrella deambulan por una ciudad sumida en sombras, por un espacio carente de coordenadas claras. Se

43. «El vagabundo (o peregrino o navegante) es, junto al cautivo y el ermitaño, uno de los "hijos de Saturno" que más veces aparece representado en el imaginario astrológico renacentista» (2014: 62).

mueven sin una dirección definida, transitando lo que Julio Romero, al referirse a la melancolía en general, describe como un territorio «insensato, sin sentido» (1993: 108).

Padre e hija deambulan por la ciudad durante la noche, y en esos paseos nocturnos se producen dos encuentros significativos. Primero, la hija ve la moto de Rafael cerca del cine y se interesa por la película en la que actúa Irene Ríos, cuyo nombre ha visto escrito en el escritorio de su padre. Años más tarde, con menos enigmas y más tristeza, Estrella presencia a Agustín vagabundeando, alcoholizado, mientras observa con melancolía la foto de su hija en un escaparate de una tienda de fotografía.

Esta secuencia está impregnada por otro paradigma de la melancolía: el paso del tiempo. Agustín observa, a través de la fotografía, cómo su hija ha crecido, y nosotros, junto con Estrella, somos testigos de la transformación del padre. Lo que en su infancia era una figura distante, poderosa, se ha convertido ahora en un hombre arruinado emocionalmente. Los propios ángulos de la cámara reflejan esa brecha temporal: en la niñez, ella miraba al padre desde abajo, lo veíamos grande en contrapicado; ahora, en su juventud, lo vemos en ángulos frontales, más humano y más triste.

Estas palabras de Irene Ríos (Laura) en *El Sur*, dichas en un momento crucial de la película, tienen el contexto adecuado en relación con lo mencionado en los párrafos anteriores, y se asemejan a la cita de Petrarca que ya hemos citado. Las dice en una carta que Agustín lee desconsolado en un café: «He andado de la Ceca a la Meca, pero no he encontrado ese sitio (¿te acuerdas?) del que ya nunca se quiere regresar. Me pregunto si existe de verdad» (*El Sur*, 0:51:15-0:51:20).

Esta condición peregrina de los melancólicos alcanza una de sus cumbres en la itinerancia romántica. Los románticos viajan no solo para encontrarse a sí mismos, sino también porque se sienten desplazados dentro de la sociedad burguesa. Viajan al sur y al oriente en busca de algo que no logran hallar en el lugar donde habitan. Este es uno de los sentidos que podemos encontrar en los títulos de las obras de Erice y García Morales. Lo mismo ocurre con el título del cuento de Borges, donde resuenan estos mismos significados.

## IV

El padre se aleja en la moto, siguiendo las líneas de perspectiva que forman el camino y los árboles deshojados. El árbol desnudo, símbolo de la melancolía, aparece en el célebre grabado de Durero y en la *Iconología* de Ripa, donde se describe cómo debe representarse este sombrío estado de ánimo:

> En efecto, la melancolía produce en los hombres los mismos efectos que la fuerza del invierno sobre los árboles y las plantas, pues, agitados por la nieve, quedan secos, estériles, desnudos, despojados de todo y sin ninguna belleza (1987: 65).

El plano al que me refiero, en el que el padre sale de casa en la motocicleta, es oscuro, tanto por la nubosidad como por las líneas de perspectiva que forman las dos hileras de árboles. Estas crean dos cortinas sombrías y despojadas de hojas que lo encierran en la profundidad de campo. En casi toda la película predomina la luz fría del norte, acompañada de la penumbra invernal, que evoca una emocionalidad triste, fácilmente reconocible y que, históricamente, se ha asociado con el norte y las estaciones frías. Todo esto se enmarca en una estética donde el color azul tiene una fuerte presencia, siendo el color frío por excelencia y, en la lengua inglesa, asociado a la tristeza.

De todas las secuencias que podrían mencionarse en este sentido, merece especial atención aquella en la que, en la profundidad de campo, el jardín familiar se presenta como una cortina helada que enmarca el diálogo entre madre e hija sobre los orígenes del padre y, por tanto, sobre su procedencia sureña. Después, la niña observa unas postales antiguas coloreadas y, en contraste con ellas, la cámara recorre un asombroso jardín nevado. Este asombro surge de la contradicción entre el frío del exterior y el calor de la mesa camilla en el interior, entre el blanco de la nieve y los colores de las viejas postales. Como señala Bachelard: «Todo se activa cuando se acumulan las contradicciones» (2006: 80).

## V

Los árboles no tienen hojas en el camino por el que se aleja el padre; ya no están verdes, a la hoja le ha llegado el crepúsculo: el tiempo ha pasado. En esta película transcurren los años y la hija crece con una visión decepcionada de su padre y de la vida; se acostumbra a vivir sin felicidad, como nos dice la narradora. Los símbolos de la temporalidad y la decepción abundan en esta película del mismo modo que en el relato, como ya vimos en el capítulo anterior.

La aparición recurrente de un río nos habla ampliamente del tiempo. El agua, dice Bachelard, «es realmente el elemento transitorio». Es el elemento que nos habla de la muerte continua, cotidiana, a diferencia de «la muerte exuberante del fuego». El agua encierra, por ello, según el filósofo francés, una profunda pena, podríamos decir, una melancolía: «El agua corre siempre, el agua cae siempre, siempre concluye en su muerte horizontal. A través de innumerables ejemplos veremos que, para la imaginación materializante, la muerte del agua es más soñadora que la muerte de la tierra: la pena del agua es infinita» (2002: 15).

Esta forma de usar el río para expresar la temporalidad de manera melancólica ha sido muy habitual en la cultura occidental y, en particular, en la española[44]. Un ejemplo de ello es la bella reflexión de Pedro Salinas sobre la metáfora fluvial, en la que analiza cómo se manifiesta la concepción del tiempo en las *Coplas* de Manrique, en la *Epístola moral a Fabio* y en un poema de Quevedo.

En este ensayo, Salinas analiza, sobre todo, la función de los pronombres y adjetivos como elementos de diferenciación en estos poemas. En las *Coplas* de Manrique, el poema se presenta despersonalizado: se habla, en general, de la vida humana, de su fugacidad y su destino común. En cambio, la *Epístola moral a Fabio* del siglo XVI y los versos barrocos de Quevedo recurren a la primera persona, lo que les confiere un tono más enfático e íntimo. Sin embargo, son los adjetivos los que intensifican la carga emocional, otorgándoles un matiz más angustioso y existencial.

No se pueden trazar equivalencias directas entre la adjetivación escrita y los subrayados fílmicos en la imagen cinematográfica, pero sí puede establecerse cierto diálogo entre ambas formas de expresión. Creo que puede destacarse cómo la imagen del río en Erice aparece enfatizada por la oscuridad del atardecer y por la presencia, al fondo, de la ciudad medieval amurallada, elementos que apuntan

44. Carmen Arocena ha señalado el valor que el río tiene en relación con la muerte en esta película: «Agustín muere junto al río. El río aquí funciona como metáfora de la vida [...] el agua se representa por el río junto al que muere el padre. Y la muerte de Agustín junto al río puede ser interpretada como el término final al que se dirige todo ser vivo para morir y volver a renacer» (1996: 260).

simbólicamente hacia la idea de la muerte –como veremos más adelante–. Sin embargo, no existe ningún otro subrayado, ni sonoro, ni de planificación ni de angulación, que conduzca enfáticamente hacia el dolor por la muerte. La propia voz de la narradora, serena y contenida, induce más bien a una melancolía sobria que a un estado de ánimo de intensidad enfática.

Esta película de Erice y, en general, toda su cinematografía se caracteriza por su serenidad a la hora de plasmar en imágenes emociones profundas. Podría aplicarse aquí la expresión *senequismo* que Pedro Salinas atribuye a Manrique y que aún pervive en la contención de la poesía machadiana.

El tono explícitamente melancólico de estos versos de Machado, que retoman la metáfora manriqueña, presenta una adjetivación contenida que me recuerda la forma sobria de connotar que caracteriza al filme que comento:

> El agua en sombra pasaba tan melancólicamente,
> bajo los arcos del puente
> como si al pasar dijera:
> «apenas desamarrada
> la pobre barca, viajero, del árbol de la ribera,
> se canta: no somos nada.
> Donde acaba el pobre río la inmensa mar nos espera»
> (2005: 438).

No es casual que el poema de Machado se sitúe en un paseo al atardecer de un día de verano; *tarde*, *atardecer* y *crepúsculo* son términos recurrentes en la poética machadiana, y todos ellos nos remiten a la presencia de Cronos. El crepúsculo aparece con frecuencia en sus versos asociado a palabras vinculadas con la sombra: las sombras caen sobre el día que muere, subrayando así la inexorable transitoriedad del tiempo.

El poema de Machado emplea el plural, no se personaliza en un yo poético, y mantiene un tono sereno, como ocurre en Manrique, paralelo al tono pausado de las imágenes despersonalizadas de Erice. En la película, nada explicita –ni la imagen ni el sonido– que se trate del río de la protagonista o de su padre; nada los vincula de forma directa. Es, más bien, la imagen del río como metáfora del tiempo en general. Así, el cadáver de Agustín aparece junto al río, connotando ese tiempo que conduce inevitablemente a la muerte, y junto a él se ve una barca de remos que evoca la barca de Caronte, reforzando la idea de tránsito hacia el más allá. Sin embargo, no se enfatiza la angustia de esta muerte: no se muestra el momento del suicidio (ni siquiera se escucha la detonación del arma), ni se recurre a primeros planos que pudieran crear una atmósfera de identificación emocional con el padre; ni siquiera se ofrece una imagen de su rostro: el cadáver aparece en un plano general, de espaldas.

Más que recurrir a objetos y personajes que enfaticen el dramatismo del suicidio, el filme dispone símbolos que, de forma discreta, nos hablan de la muerte. Así, resulta muy significativo que en este momento final haya colocado en el río, cerca del cadáver, una barca: una imagen que remite a la pobre barca del poema de Machado que terminará en la mar, a la nave del «Retrato», «que nunca ha de tornar», o, en un plano más universal, a la barca de Caronte. También es relevante que el agua, tal como aparece en el plano donde vemos a Agustín muerto, produzca un ruido tenue: un murmullo fluvial que evoca un llanto, un rumor de lágrimas. Es, además, un agua oscura, crepuscular, cargada de melancolía y muerte, que bien podemos nombrar con las palabras de Bachelard: «un agua triste y sombría que transmite extraños y fúnebres murmullos» (2002: 77).

La luz de última hora del día y primera de la noche, que envuelve los grandes planos generales de la ciudad bordeada por el río, es también significativa del paso del tiempo y de su inseparable aliada: la muerte. Esa ciudad crepuscular aparece varias veces a lo largo del filme, reforzando una estética del ocaso que, una vez más, nos invita a dialogar con la sentimentalidad vespertina de la obra de Machado, donde con tanta frecuencia las palabras *tarde* y *crepúsculo* remiten a emociones ligadas al tiempo y la muerte. Al contemplar los crepúsculos de *El Sur* me viene a la mente el análisis que hace Carlos Bousoño de la pieza XXII de *Soledades, Galerías y otros poemas*. El poema, tal como lo cita el mencionado teórico de la poesía, dice así:

> Las ascuas de un crepúsculo morado
> detrás del negro cipresal humean.
> En la glorieta en sombra está la fuente
> con su alado y desnudo amor de piedra,
> que sueña mudo. En la marmórea taza
> reposa el agua muerta.

Según Bousoño es la muerte lo que en términos irracionales se encuentra tras las palabras de este poema:

> «Crepúsculo» es una luz que se apaga, lo mismo que «ascua» es una incandescencia en trance de extinción; la llama ya no existe. En consecuencia, ambas palabras, relacionadas entre sí y con las otras, sus compañeras, que se les asemejan en esto, quedan obligadas a significar de *modo irracional* lo único que poseen en común: la noción asociada «muerte», ya que una luz y un fuego *moribundos* bien podemos relacionarlos de ese modo no lúcido con una vida que se va. El color negro («negro cipresal», «humean», «sombra») y en menor medida el morado, cuya oscuridad se le asemeja, nos recuerdan de idéntica manera, a la noche; y como a su vez, la noche

> nos priva de una importante función *vital*, y, sumidos en la tiniebla, en cuanto a tal función, por tanto, nos despojamos de la vida en una cierta proporción, nada más explicable que el hecho de la asociación de esos colores con el competo «muerte» a través del concepto «noche» que le es anterior, soterrados ambos en nuestra mente y solo emotivamente presentes en ella (1985: 280-281).

Me he permitido citar tan extensamente el texto de Bousoño porque destaca, en esta pieza de *Soledades, galerías y otros poemas*, elementos como la noche y la oscuridad, que ya hemos señalado en relación con la obra de Erice, y muestra cómo estos pueden vincularse a la muerte, otro aspecto central de una película que gira en torno a la relación con un padre suicida y que se basa en una novela concebida como un diálogo de una hija con su padre muerto. Si el guion de Erice se hubiera llevado a cabo en su totalidad, la película no habría concluido con la muerte del padre; sin embargo, el resultado final –el texto que vemos en pantalla– es un filme de estructura circular que comienza con las imágenes de la tristeza de la hija el día de la muerte de su padre y termina precisamente con el suicidio de este.

También es interesante, en relación con la muerte, lo que dice Carlos Bousoño al comentar este poema sobre la expresión «Amor de piedra, / que sueña mudo». Señala que, aparentemente, estas palabras describen una estatua de Eros, pero que su contenido es, en realidad, opuesto al amor: «pues el amor es vida y aquí se expresa subrepticiamente, en forma estrictamente afectiva, la no vida» (1985: 279), ya que la estatua y la taza de mármol son inertes y el agua, por estar en reposo, es *agua muerta*. En la película no se trata de *agua muerta* en sentido estricto, pero sí de agua oscura, agua nocturna en el río, y de agua helada en la pila. El jardín de Erice, como los de Machado (y, por supuesto, no solo los de

Machado), es un jardín sentimental, en sintonía con las emociones de los personajes. No aparecen en él figuras idénticas a las del poema mencionado, pero sí similares y equivalentes en la emoción: así, en la asombrosa visión del jardín de invierno cubierto de nieve –que vemos primero a través de la ventana, cuando la hija imagina el sur, dialoga con su madre y observa las postales–, el agua del pilón es agua inmóvil y helada. Todo, incluida la veleta –que, en cierto modo, es también una escultura– queda inmovilizado, muerto.

Bañada por la luz crepuscular, junto al río aparece también una ciudad amurallada, una ciudad de provincias que evoca las históricas urbes de la meseta: lo antiguo, lo viejo, cargado de historia, lleva también inscrita la marca del tiempo.

El río comparte con el camino y el viaje, sobre todo, la dimensión de la temporalidad. La impresión emocional que nos produce la imagen, al comienzo de la película, de una familia silenciosa viajando en un tren antiguo, con el gesto meditativo y triste de Omero Antonutti, nos conduce de inmediato hacia la melancolía, teñida del inevitable sentido de paso del tiempo que los viejos trenes evocan. Hemos visto muchos viajes en trenes antiguos en el cine y hemos leído sobre muchos de ellos, y entre esos viajes melancólicos destacan los de la Generación del 98 por el paisaje castellano y, muy en especial, los de Azorín, quien inicia su viaje hacia la Castilla del *Quijote* hablando precisamente de trenes y de melancolía[45].

45. Así vincula Azorín el viaje y la melancolía en *La ruta de Don Quijote*: «Y después me siento otra vez con el mismo gesto de cansancio de tristeza y de resignación. Las cuartillas esperan inmaculadas los trazos de la pluma; en medio de la estancia, abierta, destaca una maleta. ¿Dónde iré yo, una vez más, como siempre sin remedio ninguno, con mi maleta y mis cuartillas? [...] Yo no pienso nada; yo tengo una profunda melancolía (1984: 130).

El tren es, a la vez, viaje y camino. Ambos configuran un cronotopo en el sentido bajtiniano: una unidad indisoluble de espacio y tiempo. En este entrelazamiento, el viaje y el camino no solo articulan una experiencia de desplazamiento, sino que inscriben en su trayecto la huella del tiempo. De ahí que puedan vincularse con la melancolía: en su recorrido se percibe el lento transcurrir, la distancia, la pérdida, y, en última instancia, la conciencia del tiempo que pasa.

Una de las palabras clave en *Soledades* de Antonio Machado es el camino –de hecho, una sección del poemario lleva por título «En el camino»–, término que aparece de forma reiterada como metáfora de la vida, en contextos marcadamente melancólicos. El caminante que transita estos poemas es, casi siempre, una figura solitaria y sombría. Siguiendo la estela de Gonzalo de Berceo, el escritor sevillano nos presenta como peregrinos en este mundo; de ahí que la elección de Víctor Erice de situar a Estrella en un camino para expresar el paso del tiempo resulte no solo afortunada, sino también profundamente arraigada en una tradición cultural española con hondas resonancias melancólicas.

La escena es elocuente: la niña Estrella sale de casa con una bicicleta, un cachorro de pastor alemán se le acerca, ella monta y toma el sendero por el que anteriormente vimos ir y venir a su padre. Es el mismo camino, ahora impregnado de melancolía. A la ida, los árboles que lo flanquean no tienen marcas blancas de señalización. Pero tras un fundido encadenado, la bicicleta regresa lentamente desde el fondo del plano; el cachorro ya no lo es, los árboles muestran ahora señales blancas –son los años sesenta, hay más tráfico–. Ha

---

En el viaje en tren vuelve a aparecer la melancolía: «Y una cruz tosca de piedra tal vez nos recuerda, en esta llanura solitaria, monótona, yerma, desesperante, el sitio de una muerte, de una tragedia. Y, lentamente el tren arranca con estrépito de hierros viejos» (1984: 138).

pasado el tiempo: Estrella ha crecido, y una nueva actriz, la joven Icíar Bollaín, ocupa su lugar en la pantalla.

Esta imagen condensa y reactiva una tradición poética que ha sabido expresar, con singular profundidad, la relación entre el camino, el tiempo y la conciencia melancólica en la literatura española[46].

En algunos casos, las dos palabras que hablan de tiempo, río y camino aparecen juntas en Machado:

> he andado muchos caminos,
> he abierto muchas veredas;
> he navegado en cien mares,
> y atracado en cien riberas. [...]
> Mala gente que camina y va apestando la tierra
> [...]
> Nunca, si llegan a un sitio, preguntan a dónde llegan.
> Cuando caminan, cabalgan
> a lomos de mula vieja, [...] (2005: 428).

En otros casos, el camino aparece unido a otro término que en Machado se asocia a paso del tiempo y muerte, ya lo hemos dicho, la tarde:

> Yo voy soñando caminos de la tarde. ¡Las colinas doradas, los verdes pinos,
> las polvorientas encinas!...
> ¿Adónde el camino irá?
> Yo voy cantando, viajero
> a lo largo del sendero...
> –La tarde cayendo está– (2005: 436).

46. Tampoco debemos extremar el exclusivismo español, las metáforas del camino y el viajero melancólico en la obra de Machado tienen antecedentes en la lírica de Paul Verlaine, como señala Rafael Ferreres en su libro sobra la influencia del poeta francés en los modernistas españoles (1975: 137-138).

## V

Ríos y caminos, que en la poesía del cambio de siglo en España cruzan con frecuencia una sombría meseta, son signos de una tradición melancólica profundamente arraigada. He señalado su presencia destacada en la Generación del 98, pero sus raíces se hunden mucho más atrás en nuestra cultura, como han mostrado Klibansky, Panofsky y Saxl[47].

Dentro de esa atracción por lo saturnal –entendida como una sensibilidad vinculada a lo melancólico, lo crepuscular y lo contemplativo del tiempo que pasa–, debe situarse también la persistente fascinación por lo que se ha identificado como el rostro sombrío de España. Una imagen construida en la literatura, el arte y el pensamiento desde hace siglos, y que ha cristalizado en la representación de paisajes áridos, pueblos detenidos en el tiempo, figuras solitarias y caminos polvorientos que evocan una existencia marcada por la pérdida, la introspección y la conciencia del declive. Esta visión

47. Según el estudio fundamental de Klibansky, Panofsky y Saxl, la melancolía posee una profunda y antigua raigambre en las culturas española e inglesa. Desde los tiempos de Cervantes y Shakespeare, se pueden identificar figuras paralelas en cuanto a su capacidad para captar el alma trágica y contradictoria de su época. Tanto España como Inglaterra desarrollaron, según estos historiadores de la cultura, una importante producción artística de carácter melancólico, concebida como respuesta a las tensiones existenciales provocadas por la presión religiosa y las transformaciones culturales del Renacimiento tardío y la Contrarreforma. «Ambos países fueron y seguirán siendo el ámbito verdadero de esta melancolía específicamente moderna, conscientemente cultivada; durante mucho tiempo el "español melancólico" fue tan proverbial como el inglés *splenético*» (1991: 232-233). Esta asociación entre identidad nacional y temperamento melancólico no solo señala un rasgo de sensibilidad colectiva nacional, sino que también revela cómo determinadas condiciones históricas, religiosas y culturales modelaron una visión del mundo que se proyecta con fuerza tanto en la literatura como en el arte visual.

no solo pertenece a una estética o una sensibilidad, sino que forma parte de una tradición cultural que ha asumido la melancolía como una forma de conocimiento, una manera de mirar la historia, el territorio y el alma colectiva del país.

En esta película hay una herencia clara de la «España negra», entendida en el sentido ambiguo y fecundo que hemos venido señalando: lo negro como símbolo de muerte, pero también como forma de belleza. Para muchos intelectuales y artistas del 98, la oscuridad no era un defecto, sino un valor estético. Como escriben Verhaeren y Regoyos: «Por lo mismo que es triste, España es hermosa» (1998: 58). Frente a la modernidad industrializada y la promesa del progreso, se reivindicó –con un espíritu claramente postromántico– una España antigua, tradicional, profundamente católica: la España de las catedrales medievales, de los conventos y los campos desolados. Era una visión que privilegiaba la sombra sobre la luz, el recogimiento sobre la expansión, el interior sobre el exterior. Frente a la España luminosa, plenairista y mediterránea de Sorolla, se propuso una España parda, sin vegetación, como la de Zuloaga. Incluso en el paisaje árido de San Lorenzo de El Escorial, Verhaeren y Regoyos encuentran una estética singular: «¡Qué carácter de aridez hermosa!» (1998: 98)[48].

Estos dos autores, Émile Verhaeren y Darío de Regoyos, fueron quizás los más explícitos y entusiastas en la formulación de una visión tanática de lo bello, una estética donde la muerte y la oscuridad no son rechazadas, sino celebradas como formas superiores de expresión artística. Su célebre libro de viajes, *España negra*, no es solo una crónica de

48. Por cierto, que en el texto de García Morales también se menciona la belleza del páramo mesetario: «Recuerdo que me sentía embriagada y que me pareció bellísimo aquel terreno yermo y plano, sin apenas color, sin plantas ni arboles» (19).

impresiones, sino un verdadero canto apasionado a lo que perciben como una belleza siniestra, profundamente ligada al alma española. De un Día de Todos los Santos en Madrid escriben: «La muerte es allí una decoración soberbia a la cual la imaginación española bautizada de catolicismo dedica hachones y catafalcos en los cementerios» (1998: 96). Y respecto a las coplas populares, afirman: «La muerte se instala en España en la vida como en los ensueños; las canciones de amor son de un negro soberbio...» (93).

La oscuridad lo invade todo en esta visión del país. No se trata simplemente de un paisaje físico, sino de un paisaje espiritual, una atmósfera teñida de sombra y recogimiento que estos autores descubren de forma insistente a lo largo de sus recorridos por la península. En sus descripciones, el duelo, la religiosidad barroca, la aridez de los campos y la solemnidad de los ritos configuran un imaginario estético en el que lo sombrío se convierte en categoría de lo sublime. Esta sensibilidad, que abraza la muerte como forma de belleza, se inserta de lleno en la tradición cultural melancólica que, como han señalado Klibansky, Panofsky y Saxl, define buena parte del arte y el pensamiento españoles desde la Edad Moderna.

Según Verhaeren y Regoyos, en España lo oscuro lo impregna todo: no solo la vida, la muerte o el arte, sino también la materia misma del país. Incluso el color de los monumentos refleja esta visión sombría del territorio. En uno de los pasajes más elocuentes de *España negra*, comparan la tonalidad de las catedrales del norte europeo con las de Castilla:

> Las torres góticas de Normandía, Bretaña y Holanda están cubiertas de una capa de humedad, musgo microscópico, produciendo un tono que armoniza con las praderas del Norte donde pastan las vacas; las catedrales

> de Castilla son de un color pardo amarillento que se confunde con los tonos de sus campos áridos (104).

La arquitectura no es aquí solo una forma artística, sino una prolongación mineral del paisaje. España aparece como un país donde lo pardo, lo seco y lo árido no son defectos, sino rasgos de identidad estética. Lo castellano, en particular, se asocia con la sobriedad, la gravedad, la ausencia de verdor, lo que refuerza esa imagen de una belleza austera, casi severa, en la que la muerte y el paso del tiempo no se ocultan, sino que se exponen con dignidad.

Esta identificación entre tierra, piedra y espíritu constituye una de las claves visuales y simbólicas del imaginario de la *España negra*, que tan hondamente influyó en la generación del 98 y que sigue encontrando resonancias en el cine y la literatura contemporáneos. En esta tradición, el paisaje no se contempla como un fondo neutral, sino como una expresión del alma colectiva: árido, melancólico, saturado de historia y de silencio.

Se trata de una construcción propia de un momento histórico concreto, pero que ha ejercido un influjo intenso, a menudo inconsciente, en la manera en que generaciones posteriores han concebido y representado el paisaje, como evidencian las obras de Víctor Erice y García Morales.

Con un tono menos sombrío y más directo, en la obra de Azorín podemos percibir las inscripciones del tiempo de la vieja España. Su visión saturnal se manifiesta en «Una ciudad y un balcón», donde se nos invita a contemplar, mediante una técnica casi precinematográfica, el paso del tiempo a través de las imágenes de una ciudad en distintos periodos históricos. El relato concluye con una imagen saturnal: la figura de un hidalgo sentado en su balcón, con la mano apoyada en la mejilla, una de las iconografías clásicas de la melancolía[49]:

> En el primer balcón de la izquierda, allá en la casa de piedra que está en la plaza, hay un hombre sentado. Parece abstraído en una profunda meditación. Tiene un fino bigote de puntas levantadas. Está el caballero sentado, con el codo puesto en uno de los brazos del sillón y la cara apoyada en la mano. Una honda tristeza empaña sus ojos… ¡Eternidad, insondable eternidad del dolor! Progresará enormemente la especie humana; se realizarán las más fecundas transformaciones. Junto a un balcón, en una ciudad, en una casa, siempre habrá un hombre con la cabeza, meditadora y triste, reclinada en la mano. No le podrán quitar el dolorido sentir (1984: 67).

## VI

Imagen esta, de la cabeza reclinada en la mano que se corresponde con la iconografía tradicional de la melancolía tal y como aparece en el conocido grabado de Durero o en uno de los retratos de Jovellanos pintado por Goya.

Sin embargo, no me parece tan importante en esta iconografía la posición de la mano del personaje como la idea de una figura meditativa y solitaria: la imagen del ser humano

49. Esta visión también se encuentra en *La voluntad*, donde Azorín asocia la melancolía con el paisaje de la «España negra»: «Se habla –piensa Azorín– de la alegría española, y nada hay más desolador y melancólico que esta española tierra» (1997: 270). «La tierra, rígida y austera, inspira una literatura igualmente sombría» (270-271). En novelas y ensayos posteriores, de todas formas, su obra será una loa a esta melancólica tierra. Esto que digo de Azorín es un síntoma de la actitud ambigua de los intelectuales finiseculares con respecto al mundo rural hispánico.

que piensa en soledad y con tristeza. Esto puede expresarse con la cabeza apoyada en la mano, como en el *Jovellanos* de Goya o el hidalgo de Azorín, o con las manos en otra posición, como en *El sueño de la razón produce monstruos* o *El filósofo* de Ribera. El factor común en todos ellos es su aislamiento, su tristeza y su reflexión: rasgos que tradicionalmente se han atribuido a la melancolía[50].

Marek Bieńczyk resume bastante bien lo más importante de esta iconografía melancólica:

> La cara pegada a la mano en un gesto que sirve para apoyar la cabeza («crispada mano, de mejilla en lecho», como poetiza Dante) y la mirada perdida como en sueños, lo que es claramente el primer cliché de la documentación y la iconografía melancólica y alude a una vida que no puede tenerse en pie, aplastada como está por un peso que no es capaz de sobrellevar. Prácticamente todas las alegorías de la melancolía representan a *figura sedens*, un personaje sentado, sumergido en tristes meditaciones, y contienen este motivo de la cabeza abatida, que ya se precipita hacia abajo, hacia la tierra, o bien ladeada y desesperadamente exenta de expresión (2014: 27).

Esta cita expresa muy bien cómo la mano apoyada en la mejilla no es una condición *sine qua non* para la representación melancólica. Más allá de ese gesto concreto, lo que realmente define a estas figuras es una actitud interior: la introspección, la soledad y una cierta tristeza reflexiva.

50. De hecho en la *Iconología* de Ripa el abatimiento de Melancolía no se dibuja con la cara apoyada en una mano sino en dos: «Se pintará sentada en un peñasco y con los hombros apoyados en las rodillas, sujetando el mentón con ambas manos [...]» (1987: 65).

Hay un momento en la película en el que la figura de Omero Antonutti, filmada por Erice, encarna de forma muy precisa esta iconografía melancólica. La hija, desesperada por la tristeza que invade la casa, se esconde debajo de la cama para enviar un mensaje a sus padres, y Agustín le responde golpeando el suelo con su bastón. La postura del padre en ese instante puede describirse con las palabras de Bieńczyk: es una figura sedente, sumida en «tristes meditaciones», con la «cabeza abatida» hacia abajo.

Podemos completar la descripción de la imagen de Antonutti en este pasaje recurriendo a una serie de citas de John Milton que recogen Klibansky, Panofsky y Saxl. La escena de *El Sur* dialoga con esta concepción: el cuerpo sedente, vencido, la cabeza inclinada hacia el suelo y el silencio denso en el que se inscribe toda la acción, evocan con fuerza la figura melancólica que Milton describe en términos como los siguientes:

> [...] «facies nigra» («Ore laid with black staid Wisdoms hue») [...] la mirada plomiza clavada en el suelo («With a sad Leaden downward cast»), el amor a los estudios solitarios y nocturnos («Or let my lamp at midnight hour, / Be seen in some high lonely Towr»), el anhelo de la vida eremítica («And may at last my weary age / Find out the peacefull hermitage, / The Hairy Gown and Mossy Cell») (Klibansky, Panofsky y Saxl 1991: 227).

Estas palabras permiten ampliar el significado de la postura del personaje, inscribiéndola en una tradición iconográfica más amplia, en la que la melancolía no se expresa únicamente a través de gestos concretos –como la mano en la mejilla–, sino mediante una actitud general de recogimiento, abatimiento y aislamiento.

Volviendo a Bieńczyk, recuerdo sus palabras al referirse al rostro: «desesperadamente exento de expresión». En efecto, quien haya visto a Omero Antonutti en otras películas habrá notado que no es un actor gesticulante, como suelen serlo algunos de sus compatriotas. Su rostro es casi hierático y sus movimientos –incluso los de los ojos– son lentos y contenidos. No es un actor «expresivo» en el sentido habitual, y precisamente esa cualidad refuerza el tono melancólico general que impregna la película.

La mirada perdida me parece uno de los componentes más significativos de la iconografía melancólica: es la mirada de quien está fuera de las cosas de este mundo, ya sea porque sigue haciéndose preguntas distintas a las de quienes viven en la certidumbre, o porque, sencillamente, permanece ajeno a aquello que mueve a los que lo rodean. En *El Sur*, tanto Estrella como su padre comparten con frecuencia esa mirada perdida: una mirada que se dirige fuera de campo, en dirección al espectador, pero sin llegar a mirar al objetivo de la cámara. No hay, por tanto, voluntad de comunicación; no buscan algo que suceda fuera del encuadre, ni tampoco nos interpelan directamente. No miran a ninguna parte, y en esa suspensión de la mirada se condensa una forma de distanciamiento existencial, uno de los signos más claros de la melancolía.

## VII

Cuando Agustín, en la obra de Erice, utiliza el péndulo ante las miradas fascinadas de dos campesinos y la veneración silenciosa de su hija, aparece como un mago: alguien capaz de provocar asombro en la gente común gracias a su dominio de lo extraordinario, como subraya la voz en *off*. Es un hombre con poderes singulares, como se demuestra en su capacidad de encontrar agua, pero se trata de unos poderes oscuros, como queda claro en la secuencia en que enseña a Estrella a usar el péndulo –símbolo por excelencia de su singularidad–[51]. Es en esa escena donde el claroscuro tenebrista alcanza su mayor intensidad: el gesto sombrío de Omero Antonutti, visualmente fundido con las sombras que lo envuelven, contribuye a forjar su imagen como un mago de lo oscuro, un nigromante.

En Agustín habita una oscuridad telúrica, vinculada a una sabiduría que se hunde en la tierra para encontrar un conocimiento profundo, antiguo, casi arcaico; un saber que despierta a la vez admiración y recelo, pues pertenece a los iniciados, a un círculo reservado. Esta es también la oscuridad del melancólico: una oscuridad fértil, saludable, porque permite interpretar símbolos, pero que también tiene su lado sombrío. Para conocer el lenguaje de la profundidad –el de la tierra– hay que descender a lo oscuro, es decir, a lo subconsciente, y esa oscuridad, como sabemos, puede tener simas abisales.

Tanto en la película como en la novela, el padre es un adivino: sabe dónde hay agua. Por eso tiene sentido traer aquí las palabras de Földényi, que destaca la relación entre melancolía y adivinación en la Antigüedad:

> Hemos visto ya la relación entre melancolía y capacidad adivinatoria en la Antigüedad: solo adivina seriamente quien se halla dentro de las cosas y no se aproxima a ellas desde fuera; quien no llama la atención sobre un acontecimiento susceptible de ocurrir en algún

51. El péndulo tiene un alto valor connotativo con respecto a Agustín, según Rafael Cerrato: «representa la singularidad de Agustín. Por eso le deja a su hija como herencia aquello que a él le ha permitido ser diferente de los demás: el péndulo que simboliza su capacidad para ver cosas que otros no pueden descubrir. Y esas cosas, que Agustín conoce y la mayoría de las personas no, son las que le acaban derrotando, porque no consigue asumirlas y le van carcomiendo hasta acabar con su resistencia» (2006: 117).

> momento futuro, sino que dice la verdad del presente, del estado actual de las cosas. El melancólico aferrado a la tierra también es adivino en este sentido. Saturno lo ha dotado de una visión ambivalente. [...] El *Wallenstein* de Schiller habla del «reino de Saturno, que el nacimiento secreto de las cosas domina en el vientre de la tierra / y en la hondura del alma, y que reina / sobre todo aquello que teme la luz» (2008: 105).

Esta es la doble condición de la melancolía: une la profundidad telúrica con la sabiduría de lo elevado. Es, al mismo tiempo, un saber oscuro y un conocimiento sublime. Ya en el siglo XV, Ficino vinculó esta dualidad a la teoría de los humores. Según el filósofo neoplatónico, es la bilis negra la que obliga al pensamiento a profundizar, a penetrar hasta el centro de los objetos, porque dicha bilis posee una afinidad natural con el centro de la tierra. Y, del mismo modo, es también la que eleva el pensamiento hacia las alturas, ya que está asociada al planeta más elevado: Saturno (1991: 254).

Sin embargo, esta posibilidad de contener a la vez la tenebrosidad y la luz no implica una perfecta complementariedad. La melancolía, en su concepción renacentista –que es la que hemos heredado y que destacan Klibansky, Panofsky y Saxl–, es esencialmente trágica. La visión optimista, según la cual Saturno, el más alto de los planetas, otorgaba a quienes nacían bajo su influjo los dones más elevados, iba acompañada «por una conciencia sin precedentes de su polaridad, que daba un color trágico a la visión optimista, y con ello ponía una tensión característica en el sentimiento de la vida que experimentaban los hombres del Renacimiento» (1991: 244).

Hay otra secuencia significativa en el filme que avanza en esta misma dirección, en la que aparecen juntos el padre y Estrella agachados en el jardín, cerca de la tierra. Esta escena resulta especialmente relevante si la leemos en contraposición con las imágenes que la preceden. En estas últimas, la madre enseña a escribir a su hija y, posteriormente, vemos una serie de planos en los que el claroscuro casi desaparece, mostrando a la mujer sola en el encuadre mientras realiza labores cotidianas. Las reminiscencias pictóricas, tanto en la luz como en la composición, nos remiten a una fuente formal muy admirada por Erice: la pintura de Vermeer, que aquí cumple un papel opuesto al del tenebrismo mencionado antes. En este caso, la intención es transmitir una sensación de amable cotidianidad[52].

En marcado contraste con esta luminosa escena doméstica, aparecen luego el padre y la hija agachados en el jardín junto a la hierba. De nuevo, encontramos a un padre oscuro, telúrico, vinculado a la tierra mientras observa las plantas y le ofrece un ramito de hierbabuena a su hija. Este tipo de conocimiento queda en claro contraste con el aprendizaje «normal» que Estrella recibe de Julia[53]. La imagen del padre, enfatizada por el fuerte contraste lumínico, se asocia con la figura del nigromante, aquel que conoce las propiedades de las hierbas y el saber de la tierra. Este conocimiento puede vincularse de nuevo a la iconografía de los nacidos bajo el signo de Saturno, dios del cielo y la tierra, así como de la agricultura, representado precisamente con la guadaña.

52. Carmen Arocena ha destacado el contraste entre los progenitores de la protagonista en este pasaje: «La voz de la narradora une y opone las figuras de Agustín y Julia [...] En la representación se opone la duración de lo extraordinario, de los recuerdos que tiene de Agustín, frente a lo cotidiano, los recuerdos de Julia» (1998: 224-225).

53. Cito de nuevo a Arocena: «Julia, por otra parte, es la guardiana de las normas sociales, a pesar de ser una de las maestras represaliadas después de la guerra civil. Es la que le enseña a leer y a escribir, actividades normales en una niña de su edad, pero que a Estrella le resultan más difíciles que desentrañar el significado de los movimientos del péndulo, [...]» (1996: 225).

Como se mencionó en el capítulo anterior, la melancolía está vinculada a las sombras mistéricas, y es en este sentido que podemos comprender el uso del contraste tenebrista en esta película. Esa oscuridad no solo aísla a los personajes de su entorno, transmitiéndonos así su soledad, sino que, en el caso del padre, también nos ofrece la imagen de un hombre misterioso, poseedor de un saber oscuro y reservado.

La luz es un elemento fundamental en esta película, gracias al excelente trabajo del director de fotografía, José Luis Alcaine. A diferencia del relato, donde las sombras son nombradas explícitamente, en el filme no se nombran: se ven, se sienten. Son sombras de sabiduría, pero también sombras que aluden a lo no dicho, a lo desconocido dentro de la vida familiar; sombras de la noche que envuelven a la hija cuando está sola en el columpio, o escondida bajo la cama, o al padre cuando expresa su dolor golpeando el bastón en una habitación a oscuras. Son también sombras de muerte.

# VII
# Diálogo de la película con el texto literario

## I

En este apartado me propongo comparar *El Sur*, el relato de Adelaida García Morales, con su adaptación cinematográfica realizada por Víctor Erice. Más que llevar a cabo un estudio comparativo tradicional centrado en las diferencias estructurales o narrativas entre ambas obras, me interesa poner en contacto los dos textos –el literario y el fílmico– de forma dialógica. No se trata tanto de determinar hasta qué punto la película es una consecuencia directa del relato, sino de hacerlos dialogar entre sí desde sus respectivos lenguajes expresivos.

Se trata, en efecto, de dos textos distintos: no solo porque se desarrollan en medios diferentes, sino también porque el cineasta ha privilegiado la imagen sobre la palabra. Sus símbolos de melancolía son, ante todo, visuales, expresados a través de la imagen. Sin embargo, Erice no ha renunciado a la voz de la protagonista. Esta voz, a diferencia de la del relato –que se dirige a un padre ya muerto–, en la película se orienta directamente hacia el espectador. Este desplazamiento reduce la intensidad del relato en cuanto a «esa insistencia en señalar el lazo –la herida– que, a pesar de todo, une todavía a la mujer adulta con su padre» (2000: 260); sin embargo, a cambio, el filme refuerza el vínculo con el espectador[54].

Es más: no solo fortalece esa conexión con el espectador, sino que también intensifica la melancolía del texto fílmico. Ese silencio tan característico del filme, roto por una voz cadenciosa, evoca el sentido de la soledad. Al mismo tiempo, el tono rítmico de esa voz crea un efecto elegíaco que potencia las emociones implícitas en las imágenes simbólicas que vemos en pantalla. No sería necesario incluir esta voz en *off* para el desarrollo de la narración; de hecho, podría entenderse como un suplemento. Pero, tal y como se presenta en esta película, la palabra no funciona como un añadido, sino como un constituyente expresivo y emocional plenamente legítimo dentro del lenguaje cinematográfico.

En lo melancólico, ambas obras expresan sentimientos similares: nos hablan del paso del tiempo en el seno de una familia solitaria y apesadumbrada. Sin embargo, como ya dije, en el diálogo entre ambos textos voy a dar por supuesta la diferencia, la enriquecedora diferencia. Erice no puede decir lo mismo que García Morales porque el medio material que ha utilizado es distinto e impone diferencias, no lo ha hecho,

54. Antoine Jaime tiene interesantes reflexiones sobre esta voz en *off* de la protagonista: «conviene señalar que el texto narrado, que puntúa de vez en cuando la representación visual, no repite la letra del texto, sino el espíritu [...]; [Víctor Erice] suprime, en esta reescritura, el tuteo al padre: la Estrella adulta no se dirige a él, sino que evoca su pasado en un viaje introspectivo [...] el espectador se siente depositario privilegiado de las confidencias de la Estrella adulta, lo que equivale a decir que se instauran entre ella y él complicidad y connivencia, puesto que se convierte en su confidente» (2000: 260).

entre otras cosas, porque como tantos otros directores de cine ha privilegiado la visión de la imagen directa sobre la palabra para crear símbolos. Pero además de las diferencias mediales, aquellas que provienen del uso de distintos medios de expresión, hay profundas diferencias de tono, en la película hay una implícita calma, sosiego, *senequismo*, si de nuevo queremos usar la expresión de Salinas, distinta de la tensión que en algunos momentos agita al texto de Morales.

La mirada sosegada de Erice puede ponerse en relación con la del ya mencionado Azorín. Ya hemos señalado la coincidencia en el tono melancólico con que este cineasta contempla las piedras antiguas, al que podríamos sumar su sensibilidad ante las ciudades de provincia, en claro paralelismo con la escritura azoriniana. Pero más allá de esta afinidad temática, es la forma despaciosa de observar el mundo, una contemplación pausada y detenida lo que trae a la memoria el estilo del escritor de *Castilla*.

En Azorín se llama nuestra atención sobre las cosas, sean estas grandes o pequeñas, mediante una desfamiliarización de la mirada. Esto puede observarse, por ejemplo, en «Una ciudad y un balcón», de *Castilla*, donde se nos conduce a través de distintos espacios de una localidad castellana mediante una descripción enmarcada por un catalejo, situado en el poco habitual punto de vista de la torre de una catedral. Desde esa altura se contemplan elementos que forman parte de la vida cotidiana del lector, pero que el narrador elige no nombrar con sus términos habituales. Al omitir el nombre común –ese que les otorga familiaridad–, Azorín describe objetos y lugares como si fueran desconocidos. Así, consigue que lo cotidiano adquiera un matiz nuevo, extraño, digno de ser observado con atención:

> Otra vez se ha empañado el cristal de nuestro catalejo; nada se ve, Limpiémoslo. Ya está; enfoquémoslo de

> nuevo hacia la ciudad y el campo. Allá en los confines del horizonte, aquellas lomas que destacan sobre el cielo diáfano han sido como cortadas con un cuchillo. Las rasga una honda y recta hendidura; por esa hendidura, sobre el suelo, se ven dos largas y brillantes barras de hierro que cruzan una junto a otra, paralelas, toda la campiña. De pronto aparece en el costado de las lomas una manchita negra; se mueve, adelanta rápidamente, va dejando en el cielo un largo manchón de humo (1984: 66).

En Erice, esta función la cumple la lentitud del ritmo narrativo, con planos de larga duración en los que los movimientos de cámara son pausados y escasos. Un buen ejemplo de ello lo encontramos en la escena en que Agustín es sorprendido por su hija mientras escribe una carta a su amada. Tras el tenso encuentro, el padre sale al exterior y la cámara, en lugar de seguirlo, retira nuestra mirada y la deposita lentamente sobre la mesa de mármol, donde permanecen la copa de coñac, el papel y la pluma. Objetos que, en el cine, suelen pasar desapercibidos si no cumplen una función diegética explícita, pero que aquí, bajo la mirada detenida de la cámara, se desfamiliarizan de su uso ordinario. Al ser observados con tanta atención, revelan una belleza inesperada, como si la cámara los mirara por primera vez.

La blancura del papel se vuelve tan significativa como los vestidos de comunión de las niñas o las sábanas zurbaranescas de *El espíritu de la colmena*. Esta forma de mirar, lenta y contemplativa, convierte lo banal en poético y nos recuerda que, en manos de Erice, cada imagen puede contener un mundo.

Esta visión nueva de lo ya conocido en Azorín y Erice me recuerda lo que afirma Shklovski sobre Tolstoi en relación con la singularización de los objetos: «El procedimiento de singularización en Tolstoi consiste en no llamar al objeto por su nombre, sino en describirlo como si lo viera por primera vez y en tratar cada acontecimiento como si ocurriera por primera vez» (2007: 61). De manera análoga, la cámara de Erice, al aproximarse lentamente a un objeto, lo singulariza: lo destaca en su materialidad, en su color, en su textura. Una copa de coñac deja de ser simplemente una copa genérica y pasa a convertirse en *esa* copa, única, concreta, convertida en visión.

Es en esta misma dirección que debemos entender la tendencia al sobreencuadre presente en *El Sur*. Los objetos y figuras son enmarcados visualmente y, al hacerlo, pasan a formar parte de un nuevo contexto que los aísla y resignifica; ese marco los convierte en algo distinto, más bello, más digno de contemplación. Cuando la niña sorprende a su padre en un café, escribiendo a su antigua amante, y este, preocupado, sale a hablar con ella, la cámara los muestra desde el interior del local. Sus figuras, vistas a través de los cristales, quedan separadas por las hojas de las ventanas: separados, solos e incomunicados, pero también enmarcados. La ventana actúa como un cuadro, una segunda pantalla que impone una distancia y reconfigura nuestra percepción, otorgando a la escena un carácter estético.

A través de estos recursos visuales, la película no solo nos llama la atención sobre la belleza de las cosas comunes, sino también sobre sí misma como un espacio de visiones, más que de reconocimientos. No se trata de ver lo que ya sabemos, sino de aprender a mirar como si fuera la primera vez.

Nada hay más asombroso en este sentido que la visión que nos ofrece la ventana con el paisaje nevado, mientras la niña, en un interior, imagina cómo es el lugar de donde vino su padre, al tiempo que contempla unas antiguas postales coloreadas. Los marcos han separado las figuras, las han aislado y descontextualizado para hacerlas más ricas y visibles. Las cosas cambian: eliminan su mundo cotidiano al ser separadas por las líneas del enmarcamiento.

Un cuadro, nos recuerda Ortega, se aísla de la gris pared porque queda separado de ella a través de un tercer componente –no es ni pared ni materia del cuadro–, sino el marco. En una película no existe un marco físico, pero sí una pantalla de luz que se diferencia de la sombra, y dentro de esa pantalla hay materiales de ficción: signos cinematográficos en dos grados. Algunos son menos señalados, más próximos a la gris cotidianidad, mientras que otros están más destacados, aislados de los demás, y funcionan como cuadros dentro de la pantalla. Estos últimos nos recuerdan que lo que vemos en el cine es una visión estética, no una mera reproducción de la realidad[55].

Más adelante abordaremos el papel que las sombras cinematográficas juegan en el efecto de asombro que el cine nos genera.

55. Cito las principales ideas de Ortega sobre el marco como frontera que desfamiliariza: «El cuadro, como la poesía o como la música, como toda obra de arte, es una abertura de irrealidad que se abre mágicamente en nuestro entorno real». (1969: 92) «Para aislar una cosa de otra se necesita una tercera que no sea ni como la una ni como la otra: un objeto neutro. El marco no es ya la pared, trozo meramente útil de mi contorno; pero aún no es la superficie encantada del cuadro. Frontera de ambas regiones, sirve para neutralizar una breve faja de muro y actúa de trampolín que lanza nuestra atención a la dimensión legendaria de la isla estética». [...] «Tiene, pues, el marco algo de ventana, como la ventana mucho de marco. Los lienzos pintados son agujeros de idealidad perforados en la muda realidad de las paredes. Boquetes de inverosimilitud a que nos asomamos por la ventana benéfica del marco. Por otra parte, un rincón de ciudad o paisaje, visto al través del recuadro de la ventana, parece desintegrarse de la realidad y adquirir una extraña palpitación de ideal. Lo propio acontece con las cosas lejanas que recorta la inequívoca curva de un arco» (93).

Es una mirada tranquila y esteticista la que nos brindan Azorín y Erice, una mirada relajada ante las cosas que nos rodean y ante los efectos que el tiempo ejerce sobre ellas. Ven girar la rueda del tiempo con una melancolía sosegada.

Este sosiego contrasta con la tensión y la confrontación que continuamente se presentan en el texto de García Morales. La novela, en muchas ocasiones, es un relato tenso, violento, donde los enfrentamientos son apasionados. Es un texto en el que se vive con claridad la dureza de la represión sufrida por una niña en una sociedad nacional-católica, representada especialmente por la madre, Josefa y Mari Nieves. Curiosamente, estos dos últimos personajes –que provocan disgusto en el relato– no aparecen en la versión cinematográfica, y la madre, que en la novela es antipática y reaccionaria, se muestra amable y tranquila en la obra de Erice.

Todo el trabajo en torno al poder y la culpa presente en el relato literario está ausente en la lectura que hace Erice en su filme. El director no ha trasladado esa dimensión de enfrentamiento y dolor moral, sino que ha tomado de la obra de García Morales aquellos elementos que ya estaban presentes en *El espíritu de la colmena*: la infancia, los padres marcados por las heridas de la posguerra, el mundo rural, la soledad y el paso del tiempo. Más que adaptar el conflicto central del relato, Erice ha extraído de él una atmósfera, una sensibilidad cercana a su universo cinematográfico previo.

Esta diferencia se aprecia con especial claridad en la escena de la Primera Comunión. En el relato literario, este momento es vivido por la niña como una experiencia angustiosa: se convierte en una situación opresiva, marcada por la incomodidad, la rigidez y la presión religiosa, una clara muestra del control que ejerce el entorno sobre su cuerpo y su voluntad. En cambio, en la película, esta misma escena adquiere un tono completamente distinto. Erice no reproduce ese conflicto interno con la misma intensidad, sino que convierte la comunión en una secuencia visualmente hermosa, cargada de simbolismo estético.

El tratamiento de la luz y la composición en esta escena crea una atmósfera de tenebrismo que no busca dramatismo, sino contemplación. No estoy sugiriendo influencias directas, pero las imágenes que construye Erice me evocan la pintura de Georges de La Tour, por la inclusión explícita de la luz de la vela dentro del encuadre, y la de Zurbarán, por la geometría sobria de las composiciones y, sobre todo, por los blancos marfileños que genera la luz de los cirios sobre las vestiduras. Son asociaciones visuales que surgen por afinidad estética, no por una intención de cita o homenaje. La comunión deja así de ser un momento de conflicto para convertirse en una escena de belleza serena, donde el peso de la represión se diluye en favor de una experiencia visual casi mística.

A diferencia del sufrimiento que transmite el relato, en la película la comunión se convierte en el punto álgido de armonía entre el padre y la hija. Es un momento de comunión no solo religiosa, sino también emocional y estética. Esta sintonía queda bellamente expresada en la imagen final del plano secuencia del pasodoble, que termina con un encuadre de la corona circular blanca que lleva la niña. Ese gesto visual –simple pero cargado de simbolismo– subraya la delicada conexión entre ambos personajes en un instante de aparente plenitud, muy alejado del conflicto interior y la represión presentes en la versión literaria.

En el relato, los conflictos y las tensiones emocionales se exponen de forma directa –directa, aunque no por ello simple–. La pulsión afectiva de la hija hacia el padre se narra sin ambigüedades ni veladuras, y queda especialmente clara en el sueño en el que la niña imagina casarse con él, lo que revela el deseo de ocupar el lugar de la madre. Esta carga emocional, que en el texto literario se presenta con fuerza, se diluye en la película, donde apenas se insinúa de manera muy tenue.

El filme traslada esa tensión a una escena simbólica: el pasodoble que bailan padre e hija durante la comunión. El momento está cargado de una belleza contenida, y adquiere un significado adicional cuando, hacia el final del filme, escuchamos el mismo pasodoble en la boda de unos desconocidos. La repetición musical genera una resonancia ambigua, sutil, más emocional que narrativa. Durante el baile, la niña observa con fascinación a su padre, una fascinación subrayada por los ángulos en contrapicado que refuerzan su mirada hacia él. No obstante, la lectura de esta escena permanece abierta: puede interpretarse como una expresión de admiración, de deseo de cercanía o de idealización, pero queda lejos de la explicitud del sueño del relato, donde el deseo edípico se formula sin rodeos.

Por otro lado, en el relato también se abordan de forma explícita los celos del padre hacia otro chico, expresados con una violencia inesperada. La narradora relata así la triste despedida de un muchacho que se marcha a otra ciudad, y la súbita e injustificada irrupción del padre

> Deseaba despedirse de mí, pues su familia se marchaba a vivir a otra ciudad. Estaba muy triste, porque creía que ya no nos veríamos nunca más. De pronto te descubría a lo lejos. Tú ya me habías visto y te acercabas con paso rápido hacia nosotros. Le pedía asustada que se marchara enseguida. No pude comprender tu crueldad. Fue la única vez que me pegaste en la vida. Yo no esperaba tanta violencia (35).

En el filme, sin embargo, el posible conflicto generado por la presencia de otro chico –el Carioco– se trata con un tono completamente distinto. Lejos de despertar celos o violencia, como sucede en el relato, el padre reacciona con una sonrisa irónica ante las pintadas que este ha dejado en la pared. La situación, de hecho, conduce a uno de los pocos momentos humorísticos de la película. El nombre del chico y el dibujo que deja de sí mismo están tomados de un personaje de los tebeos, lo que añade un componente lúdico y casi infantil a la escena.

Es cierto que, más adelante, en la comida de despedida entre padre e hija, Agustín le pide perdón por su comportamiento. Sin embargo, no se especifica a qué se refiere exactamente esa disculpa. La ambigüedad se mantiene: no hay una confrontación ni una referencia directa a celos, prohibiciones o agresiones. En lugar de conflicto explícito, Erice opta por sugerencias mínimas, silencios y huecos narrativos que deben ser interpretados por el espectador, alejándose así de la intensidad emocional y la claridad con que se presentan estas situaciones en el relato de García Morales.

Sobre su situación la voz en *off* se lamenta con expresiones de suave melancolía en las que expresa su necesidad de irse de casa, pero nunca llega a ciertas exclamaciones angustiosas que sí utiliza Adriana para hablar de sí misma o de su padre. Esto es lo que dice después de haber sido golpeada:

> Te sentí extraño y tus bofetadas ni siquiera me dolieron. Recuerdo que salí corriendo, sin llorar, huyendo abiertamente de ti y dejándote solo en la penumbra de la noche que caía. Cuando llegué a casa, no miré hacia atrás y, al encerrarme en mi habitación, descubrí que en mí no había sufrimiento, ni rabia, ni miedo, ni angustia. No había nada. Aquello era lo más cercano a la muerte que yo había conocido en mi vida (35).

No son solo los ataques de ira del padre los que quedan reflejados en su sombra en el relato; también aparece como un hombre que ejerce un poder patriarcal represivo, aunque de manera contradictoria. La narradora cuenta:

> Un día me invitaban a una fiesta. Tú no me dejabas ir, así como tampoco al cine con amigas o de excursión en bicicleta… Y no es que tú volvieras a ocuparte de mí con aquellas prohibiciones. No, era solo tu apatía, que ahora se manifestaba de aquella manera: imponiéndome brutalmente unas normas rígidas en las que, al mismo tiempo, confesabas no creer y que incluso llegaste a ridiculizar con frecuencia (31).

Este pasaje refleja la ambivalencia del padre: impone límites y reglas de forma autoritaria, pero sin convicción ni verdadero compromiso, lo que genera en la hija una mezcla de rechazo y desconcierto. Esa rigidez impuesta sin credibilidad añade una dimensión de opresión sutil, que contribuye a la tensión emocional del relato.

En la película, Agustín no aparece ejerciendo ese tipo de control autoritario ni se nos informa de ello a través de la voz en *off*. De hecho, en su último encuentro con la hija lo vemos como un hombre falto de energía, que intenta recuperar su cercanía con ella de manera amable y triste, lejos de cualquier autoritarismo. Inclusive, al final de la escena, le pide –no le exige– que no vaya a la clase de francés, mostrando una actitud más conciliadora y vulnerable que la figura represiva del relato literario.

En la película, todo presenta menos aristas y contrastes. La madre, por ejemplo, no es una figura de catolicismo intransigente, sino una amable maestra represaliada que se dirige a su hija con cariño. La protagonista la recuerda con afecto a lo largo de los años, lo que suaviza notablemente la dinámica familiar en comparación con el relato.

En la narración también es más directa la identificación de la hija con el padre; no solo lo quiere y lo admira, sino que se identifica con él: ella es melancólica y además creadora, escribe, y ha heredado la excepcionalidad del padre. En la película, esa identificación no es tan intensa como en la narración literaria; hay identificación en el sentido de una inmensa admiración, pero no en el sentido de que la protagonista, a través de su voz en *off*, comparta con el espectador rasgos de carácter similares a los de Agustín. Por ejemplo, Adriana se preguntaba en la infancia si había heredado esa habilidad con el péndulo que tiene su padre y que le hace ser visto por su hija como alguien que vive en una realidad distinta en la que se mueven los demás:

> Pero sí podías hacer algo que, aunque no pareciera tan importante, a mí me llenaba de asombro, pues conseguías que sucediera ante mis ojos, mostrándome así una realidad muy diferente de aquella otra en la que se movían los demás. Y con frecuencia me preguntaba si yo, al ser hija tuya, no habría heredado también esa fuerza que solo tú parecías poseer (10).

No hay en la película expresiones de apología directa de la sombra del padre como esta que sigue:

> No sabes que bien comprendí ya entonces tu muerte elegida. Pues creo que heredé de ti no solo tu rostro teñido con los colores de mamá, sino también tu enorme capacidad para la desesperación y, sobre todo, para el aislamiento. Aún ahora, cuanto mayor es la soledad que me rodea mejor me siento (6).

O como esta:

> El silencio que tú nos imponías se había adueñado de nosotros, habitaba en la casa, como uno más, denso como un cuerpo. Aprendí a vivir en él y sería injusto no añadir que si he llegado a conocer alguna felicidad real ha sido precisamente en el silencio y soledad más perfectos. Por eso nada puedo reprocharte a ti que me enseñaste con tu desmesura, adentrándote sin freno por esa senda que tan pocos frecuentan y que, en tu caso, te condujo a realizar la muerte deseada (29).

O esta otra:

> De esta forma, gracias a ti, me fui curtiendo en la renuncia. A veces he llegado a creer que nada necesitaba yo de los llamados seres humanos. Y durante largas temporadas he podido vivir feliz con semejantes creencias (31).

Son dos actitudes distintas, dos formas distintas de acercarse al dolor, una más directa y la otra más ambigua y sosegada. Dos maneras distintas de acercarse a las emociones, dos maneras de ver la vida que implican también dos formas distintas de contar historias. Esto, sin embargo, no está determinado por las diferencias entre los medios, por contar una historia con el lenguaje del cine o de la literatura. De esto hablamos en las páginas que siguen.

## II

La palabra forma parte legítima del cine, y no es solo un añadido o suplemento. Sin embargo, podemos decir que los directores de cine han optado generalmente por privilegiar uno de los componentes que hacen de la cinematografía un arte distinto de la literatura: el carácter físico de la imagen visual, al que ya hemos hecho alusión al comienzo.

No intento hacer afirmaciones absolutas en contra de la palabra en el cine, pero sí es cierto que valoramos especialmente a aquellos directores que logran contar con imágenes lo que inicialmente se expresó en palabras, así como a aquellos que consiguen condensar amplios contenidos en una sola imagen. Es decir, a los directores que poseen la capacidad que los formalistas rusos, al referirse a la literatura, llamaban «economizar». En el capítulo anterior he señalado lo mucho que se comunica en poco tiempo a través de la secuencia del padre alejándose por el camino.

La imagen literaria es más evanescente, al no ser directamente física (es inducida por la palabra), por lo que resulta más ambigua en ese sentido. Sin embargo, también es más selectiva y, por ello, más explícita en otros ámbitos, pues elige ciertos aspectos del personaje que describe. Tomo como ejemplo la única descripción del padre que aparece en el texto de García Morales:

> Recuerdo tu cabello rubio y tus ojos azules que ahora, al traer a mi memoria aquella sonrisa tuya tan especial, se me aparecen como los ojos de un niño. Había en ti algo limpio y luminoso y, al mismo tiempo, un gesto de tristeza que con los años se fue tornando en una profunda amargura y en una dureza implacable (6).

Los ojos azules y el pelo rubio son los únicos rasgos concretos que se ofrecen del padre en esta descripción que acabo de citar: solo se apuntan dos rasgos del personaje.

Esta descripción es muy breve, pero el carácter selectivo al narrar el aspecto de un personaje puede aplicarse a toda descripción literaria; nunca podríamos expresar con palabras todos y cada uno de los detalles de la imagen que vemos de Omero Antonutti en la pantalla. Siguiendo a Seymour Chatman, puede decirse que las descripciones literarias, incluso las más minuciosas, no buscan ofrecer una representación visual completa, sino que proporcionan una serie limitada de rasgos significativos. Es el lector quien, a partir de esos indicios, construye mentalmente la imagen global del personaje o del espacio narrado (1990: 39).

La imagen literaria es necesariamente vaga y abierta porque es distinta en cada lector –especialmente en un caso como este, en el que solo sabemos que el personaje tiene cabello rubio y ojos azules–, y también es vaga porque el mismo lector, por muy clara que tenga la imagen del personaje en su mente, suele tener una visión cambiante del mismo. En el cine, sin embargo, no existe esa vaguedad (1990: 41)[56].

56. Seymour Chatman explica que «literary descriptions; even the most elaborate provide only a relatively small number of details, leaving to the reader the task of filling in the total picture» (1990: 39). También señala que «Film give us plenitude without specificity. Its descriptive offerings are at once visually rich and verbally impoverished» y que «film cannot avoid a cornucopia of visual details, some of which are inevitably "irrelevant" from the strict plot point of view» (39-40). Sobre la diferencia entre cine y literatura comenta que «literary narratives, though they may employ many adjectives, cannot dictate mental images; they can only stimulate them» y pone el ejemplo de *Gone with the Wind*: «Everyone watching the film version... must agree about Rhett Butler's appearance... But readers of the novel... will probably disagree about the exact details... Indeed, some may resent having to form a mental picture of him at all...» (40). Finalmente, destaca «the power of noncommitment» de la narrativa literaria: «A novel can say simply, "He went walking", leaving unspecified the appearance of "he", [...] A film rendition would have to add descriptive details [...]» (40-41).

No quiero decir con esto que el cine no sea selectivo; mediante la angulación y la planificación puede enfatizar determinados aspectos de un personaje. Sin embargo, en general, siempre debe mostrar una serie completa de elementos que la cámara no puede ocultar. En cambio, la literatura sí posee la capacidad de señalar algo dejando todo lo demás fuera de foco. En cine y literatura siempre hay selección, pero en el cine esta es más limitada que en la narrativa literaria.

Por ejemplo, cuando en la película vemos al actor italiano dirigiendo a su hija con el péndulo, la cámara enfoca su rostro iluminado, mientras que el resto de su cuerpo queda fuera del encuadre o sumido en sombras. Se ha realizado una selección visual, pero aun dentro de ese encuadre disponemos de la imagen completa de su rostro. Si intentáramos describir en palabras cada detalle de esa cara, sería imposible abarcarlo todo. En cambio, en literatura basta con ofrecer uno o dos detalles del rostro, como el ejemplo de los ojos y el cabello que ya hemos mencionado.

Según Chatman, la descripción cinematográfica es tácita: el cine describe constantemente sin señalar explícitamente que lo está haciendo. Por ejemplo, cuando vemos al padre enseñándole a su hija cómo usar el péndulo, observamos a dos personajes involucrados en un proceso de aprendizaje, pero también vemos sus rostros de forma continua. Sus expresiones faciales son descritas simultáneamente con la acción, sin detener el flujo narrativo. En cambio, en la literatura, la descripción suele ser explícita: la narración se interrumpe para detallar cómo es un personaje. Esto es lo que lleva al mencionado narratólogo a decir que el cine está continuamente describiendo, aunque lo haga de forma tácita en la mayoría de los casos (1990: 40).

## III

Una imagen plena, cargada de detalles y desbordante en una cornucopia visual que apela directamente a los sentidos, pero que al mismo tiempo está compuesta por haces de luz inconsistentes. Es una imagen tridimensional, proyectada sobre una superficie bidimensional: tridimensionalidad sobre un soporte plano, como ocurre con el reflejo en un espejo. Esa contradicción es la que le otorga al cine su carácter fantasmático, su peculiar forma de estar y no estar, a la que ya hemos aludido.

Estas sensaciones se intensifican en el cine de Víctor Erice debido a la escasez de palabras, a la aparición de imágenes que no se apoyan completamente en el lenguaje verbal. Aunque hay una voz en *off* –la de Estrella–, su función no es tanto informativa como poética; no busca dar coherencia o consistencia narrativa. En el cine de este director, lo visual adquiere todo el protagonismo, y eso da lugar a imágenes que, en silencio, se cargan de significados fantasmáticos. Imágenes mudas, no completadas por la palabra, que se abren a múltiples interpretaciones.

Hay un sentido de la aparición en *El Sur.* Sus imágenes son fantasmas que aparecen ante nosotros sin decir mucho y, a veces, al menos al comienzo de la secuencia, sin un vínculo racional entre ellas, después entendemos que se trata de un vínculo simbólico.

A este sentido de aparición contribuyen los fundidos en negro presentes en la película. Generan la impresión de que las figuras emergen desde la oscuridad, como si surgieran de las sombras, lo que acentúa aún más el carácter fantasmático de las imágenes. Sobre este efecto profundizaremos en las páginas siguientes.

# VIII
# De las sombras y el cine

## I

Ya se ha señalado al comienzo del libro que la sombra y el espectro pueden ser sinónimos, en tanto que ambos están y no están, no solo por su condición ambigua, sino también por su evanescencia. Son como las imágenes del cine: presentes, pero intangibles; visibles, pero siempre aludiendo a un tiempo distinto del aquí y ahora del espectador.

Las imágenes-sombra en el cine de Erice lo son por la propia naturaleza del medio cinematográfico, pero también por el carácter elusivo de su estilo. Se trata de un estilo sombrío, oscuro en términos semánticos, en el sentido de que no se ofrece con claridad a la interpretación. En el relato de García Morales hay aspectos que se ponen en evidencia, que las palabras sacan a la luz. Por ejemplo, el padre, con el paso del tiempo, se vuelve iracundo, violento, desagradable. En cambio, el padre en la película es escurridizo, permanece en la sombra del significado.

Hay una escena en la que vemos a la niña en su habitación mientras los padres discuten. La discusión ocurre fuera de campo; la cámara se detiene en el rostro de la hija, mientras lo que sucede ocurre detrás del marco de una puerta o tras un cristal opaco. Y nosotros, como espectadores, al igual que la niña, solo alcanzamos a comprender parcialmente lo que ocurre. Percibimos lo que ella puede percibir desde una habitación en penumbra, iluminada apenas por la luz que llega desde el lugar donde acontecen los hechos. Es un mundo de sombras.

A diferencia del relato de García Morales, en la película no dependemos exclusivamente de la mirada de la hija. Aunque la mayor parte de la narración visual se construye desde su perspectiva, hay momentos en los que accedemos a la experiencia de Agustín. Esto ocurre, por ejemplo, cuando lo vemos solo, en una pensión, esperando la salida del tren. Encerrado en sus remordimientos y dudas, el mundo exterior se le presenta como un espacio opaco, reducido a sombras y ruidos lejanos, ausente para su mirada. Está sumido en la penumbra de su propio dolor, y todo a su alrededor adquiere un tono espectral. La cajetilla de cigarrillos vacía sugiere –sin necesidad de mostrarlo– que ha estado fumando con ansiedad, consumido por su encierro interior. De igual modo, leemos junto a él la carta enviada por su antigua amante, sin que Estrella esté presente ni medie su punto de vista. Vemos su expresión de desconsuelo tras la lectura, en una secuencia que por completo escapa a la mirada de su hija.

Muy significativa es también la imagen de Agustín en la oscuridad de la sala de cine, donde asiste, entre sombras, a la proyección del espectro ficcionalizado de esa mujer que fue parte de su vida, y allí la revive. Él, que ya es una sombra, acude al cine –lugar de sombras– para reencontrarse con otra sombra. El espectador de cine es también sombra: resguardado en la penumbra, emerge su faceta de *voyeur*, protegido por la oscuridad mientras entra silenciosamente en la vida de los otros. El cine, como espacio de duplicaciones, de reproducciones, actúa aquí como una metáfora profunda del único acceso que tenemos al mundo: el acceso a través de sombras.

Esa es, en el fondo, la idea que vertebra todo esto y que ya estaba presente en el epígrafe de Hölderlin que abre el libro de Adelaida García Morales: «¿Qué podemos amar que no sea una sombra?». Es decir, todo lo que podemos mirar, conocer o amar no es más que reflejo, proyección, ausencia.

Irene Ríos –nombre artístico de la antigua amante de Agustín, cuyo nombre cotidiano es Laura– se presenta en la película como una figura fantasmática. En la lectura de la carta que ella le dirige, escuchamos su voz en *off*, pero su imagen permanece ausente. Es nombrada únicamente como Irene Ríos, es decir, desde su identidad pública, que no por ello es menos íntima, sino quizá más cargada de proyección y deseo. Cuando finalmente aparece en pantalla, lo hace como personaje de ficción, en una película dentro de la película, rodada en blanco y negro. Este blanco y negro, asociado a lo antiguo, intensifica su condición de presencia desfasada, desplazada en el tiempo, y por ello también ausente. Irene Ríos es una imagen que regresa desde el pasado, pero no como cuerpo tangible, sino como proyección: como una sombra.

## II

Antes hemos hablado del marco en general y de los marcos dentro de la pantalla. No muy alejada de esta idea del marco se encuentra la oscuridad del cine. La tenebrosidad de la sala aísla su recepción del resto del mundo: es un marco de separación de la cotidianidad. Agustín, en la sombra de la sala de proyecciones, está solo, separado de otros espectadores, separado de la ciudad. No en vano, el cine en el que aparece se llama Cine Arcadia, con unas luces exteriores que lo diferencian del resto de la urbe provinciana y oscura. De entre esa oscuridad que aísla, a su vez, aparece una pantalla de luces y sombras que incide y crea por sí misma un espacio diferenciado del entorno oscuro en el que nos sumimos. Ese juego de luces y sombras se vuelve aún más sugerente porque las figuras que aparecen en ella tienen un tamaño extraordinario: hablamos de la gran pantalla. Ese otro mundo tiene tanta fuerza, tanta capacidad de mover sentimientos, que el espectador que entra en él ya no sale igual. Por eso Agustín, tras ver a su antigua amante convertida en un personaje de ficción, va inmediatamente a escribirle una carta al café.

La oscuridad tenebrista, con una enorme riqueza semiótica en este filme, también enmarca a las figuras: sus límites se separan con toda nitidez gracias al fuerte contraste entre luz y sombra. Esta oscuridad las aísla y expresa su soledad. La luz del tenebrismo –aunque con frecuencia se la haya llamado «naturalista»– es una luz profundamente teatral y retórica, lo que incrementa el aislamiento dentro de la ficción y, con ello, refuerza ese sentido de belleza enmarcada y separada del mundo.

Efectivamente, el tenebrismo, con esa oscuridad herida por la luz, guarda una evidente analogía con la sala cinematográfica y con esos juegos intensos de luz y sombra que tanto caracterizan la experiencia del cine. De hecho, Castrillón y Martín Jiménez proponen una lectura autorreferencial de la primera secuencia del filme, estableciendo una conexión entre el dispositivo cinematográfico y la construcción estética de la imagen:

> Pero podríamos analizar esta primera imagen de la película, emergida de una pantalla en negro, fijándonos en

> que la posición de Estrella coincide con la del espectador en la sala cinematográfica. Estrella comienza por ser una espectadora de una *película* que se proyecta desde un liviano y equívoco foco de luz (la ventana) hacia un espacio de oscuridad, de inmovilidad, donde se ubica adormecida: caracteres propios de la sala de proyección (2000: 242).

En esa secuencia, fotografiada magistralmente por Alcaine –con luz natural, aunque parezca lo opuesto–, el sol entra poco a poco por la ventana, del mismo modo en que la luz del proyector penetra en la sala que ha quedado a oscuras justo antes de comenzar la película: comienza a hacerse la luz. Allí donde no hay nada más que oscuridad, se hace la luz. Es una bella metáfora de la creación: de la nada surge algo. Así, en esta película, de la oscuridad absoluta de los títulos de crédito emerge la luz y, con ella, los fantasmas proyectados sobre la pantalla. En ese momento, el espectador comienza a preguntarse de dónde surgen esas voces desconocidas y qué dicen. En ese deseo de saber, acompaña a Estrella, como bien señalan Castrillón y Martín Jiménez:

> La identificación inicial entre Estrella y el espectador queda así lograda de forma sólida -solidaria- desde el inicio de la película: ambos comienzan por ocupar esa posición *expectante* respecto a unos acontecimientos que suceden *fuera de ellos*. Estrella comienza por ser el intermediario entre el afán de saber del espectador y la trama argumental (2000: 242).

III

Las sombras –los fantasmas– del mundo del cine no son ajenas a las sombras –los fantasmas– de quienes se sumen en la oscuridad de la sala. Ahí se abre el juego de las identificaciones. La película en la que actúa Irene Ríos se titula *Flor en la sombra*: es una flor que habita la penumbra de la sala de cine, pero también la zona oscura del padre, el ámbito de lo reprimido. Forma parte del mundo que él ha dejado en la sombra, que no saca a la luz en su vida «normal» y familiar. Efectivamente, Irene está en la sombra; forma parte de lo que Agustín ha dejado en la oscuridad. En términos jungianos, el padre –igual que en el relato– tiene una *sombra*: una parte oculta, no manifiesta, no reconocida por él mismo en el contexto de su vida familiar.

También un cartel de cine es reutilizado en el filme para reforzar el valor expresivo de lo oscuro, a través de la cita del filme de Hitchcock *La sombra de una duda* (1943). En él, el personaje interpretado por Joseph Cotten es idealizado por su sobrina, quien –al igual que Estrella en su proceso de descubrimiento– va desvelando progresivamente la otra cara de su tío: un hombre que resulta ser un explotador y asesino de mujeres millonarias y solitarias. La referencia funciona como una clave simbólica, ampliando la red de significados asociados a la figura paterna, al mundo de las apariencias y al papel activo de quien observa, investiga y comienza a ver en la sombra aquello que estaba oculto.

Luz y sombra de un hombre roto ante sí mismo y ante la imagen que su hija tiene de él. Escindido, dañado por su deseo hacia su antigua amante –una actriz fracasada con la que mantuvo una relación en Sevilla y a la que abandonó para preservar su familia–, y por el peso de la responsabilidad familiar. Esta escisión interna es expresada a través del contraste de luces tenebristas y de las miradas del padre al espejo, donde se confronta con esa parte de sí mismo que permanece oculta, reprimida, pero que la luz del cine –como la luz del sol en la secuencia inicial– amenaza con revelar.

El espejo tiene muchas posibilidades estéticas y ha sido teorizado desde diversos enfoques; pensemos, por ejemplo, en los espejos de Jorge Luis Borges. Sin embargo, me interesa especialmente la interpretación que ofrece Carl Gustav Jung en *Arquetipos e inconsciente colectivo*, por su vínculo con el concepto de sombra. Según el psiquiatra suizo, el espejo nos confronta con el rostro que no mostramos a los demás ni a nosotros mismos.

Lo que revela el espejo es precisamente la sombra: el rostro que no se quiere mostrar, el que genera desagrado y temor (recordemos el gesto de pesadumbre de Agustín cuando se mira al espejo en los servicios del restaurante del hotel). Pero esa sombra quiere vivir, y las consecuencias de no asumirla pueden ser devastadoras –en este caso, el suicidio–:

> Es cierto que quien mira en el *espejo* del agua, ve ante todo su propia imagen. El que va hacia sí mismo corre el riesgo de encontrarse consigo mismo. El espejo no favorece, muestra con fidelidad la figura que en él se mira, nos hace ver ese rostro que nunca mostraremos al mundo, porque lo cubrimos con la persona, la máscara del actor. Pero el espejo está detrás de la máscara y muestra el verdadero rostro. Esa es la primera prueba de coraje en el camino interior; una prueba que basta para asustar a la mayoría, pues el encuentro consigo mismo es una de las cosas más desagradables y el hombre lo evita en tanto puede proyectar todo lo negativo sobre su mundo circundante. Si uno está en situación de ver su propia sombra y soportar el saber que la tiene, solo ha cumplido una pequeña parte de

la tarea: al menos se ha transcendido lo *inconsciente personal*. Pero la sombra es una parte viviente de la personalidad y quiere entonces vivir de alguna forma. [...]

El encuentro consigo mismo significa en primer término el encuentro con la propia sombra. Es verdad que la sombra es un angosto paso, una puerta estrecha, cuya penosa estrechez nadie que descienda a la fuente profunda puede evitar (Jung 1970: 26-27).

# IX

# EL SUR QUE NO SE VE. LA SOMBRA DE QUEREJETA

LA PELÍCULA FUE PRODUCIDA por Elías Querejeta, una figura fundamental del cine español, artífice de varios de los proyectos más relevantes de la cinematografía hispana durante las décadas de 1960 y 1970. Querejeta ya había producido el anterior largometraje de Víctor Erice, *El espíritu de la colmena*, que otorgó gran prestigio a ambos. Sin embargo, la colaboración en *El Sur* no resultó tan armoniosa como en la película anterior; de hecho, culminó en una de las polémicas más comentadas del cine español.

El director había concebido una segunda parte del filme que incluiría varias secuencias en Sevilla, correspondientes al viaje de Estrella hacia el sur en la etapa final de la historia. No obstante, Querejeta decidió interrumpir el rodaje una vez concluida la parte filmada en el norte de España, argumentando que con ese material ya se podía construir una película completa. Esta decisión privó al filme de un contrapunto visual y narrativo fundamental, ya que Erice planeaba rodar Sevilla con una luz dorada y cálida –en marcado contraste con la luz fría y azulada del Norte– y con grandes planos del río Guadalquivir, luminoso y lleno de color. Esta parte habría acentuado la oposición simbólica entre norte y sur, así como las distintas atmósferas emocionales que enmarcan cada espacio.

Las razones detrás de la interrupción del rodaje son controvertidas; las versiones de ambos protagonistas no coinciden en este aspecto. Difícilmente sabremos si la decisión de no continuar hasta el final se debió a causas económicas, como afirma Erice, o a que ya existía suficiente material para hacer una película completa sin necesidad de rodar en Andalucía, como sostenía el productor.

Desde el punto de vista narratológico, lo que nos interesa es que, de este modo, el resultado final del filme que vemos se distancia más de la obra literaria de lo que habría sido un cierre con imágenes de la capital andaluza. Además, esta circunstancia nos invita a reflexionar sobre la autoría de la obra.

Generalmente decimos que una película es de Buñuel, de Almodóvar o de Erice, sin considerar la cantidad de profesionales que intervienen en un filme. Hablamos como si un autor individual y único tuviese un control absoluto y una presencia total en el resultado final de lo filmado. Pero no es así. El cine, al igual que la pintura o la literatura, posee posibilidades semióticas que trascienden lo pensado por el autor.

Entre lo ideado por un novelista y el producto final en palabras existe una diferencia, tanto por la materialidad de las palabras y sus sonidos, como porque se expresan cosas que no se planearon. De igual modo que no hay un control total sobre lo dicho en el habla cotidiana –pensemos en *La psicopatología de la vida cotidiana* de Freud– tampoco lo hay en la complejidad de la obra literaria. Por ello podemos hablar de un autor implícito, esa voz que se comunica con nosotros más allá del narrador y que no se corresponde con el autor de carne y hueso. Sin embargo, quizás sea mejor hablar de autores implícitos, de varias escrituras posibles diseminadas por el texto, que toman contacto con nosotros y están ahí, dispuestas a ser activadas en cada contexto de lectura.

Pues bien, en el cine este fenómeno es aún más agudo y complejo, porque se trata de una forma de expresión industrial y, por ende, colectiva.

Un ejemplo de la dificultad para atribuir autoría en el cine nos lo ofrece Chatman a través de la película *The Red Badge of Courage* (1951), atribuida a John Huston –subrayo lo de *atribuida* porque veremos la complejidad de tal atribución–, en la que se manifiesta con claridad la imposibilidad de hablar de una autoría única.

Por ejemplo, Chatman señala que Huston no participó en el montaje –y destaca la importancia del trabajo del montador en el resultado final de una película–, pues se marchó inmediatamente a filmar *La reina de África*[57]. Además, el productor Reinhardt intervino de forma continua, llegando incluso a transformar la voz en *off*: en lugar de ser atribuida al protagonista, se la concedió a un narrador heterodiegético. No menos relevante fue la censura ejercida por la productora sobre el filme, así como el papel que el músico Bronislau Kaper atribuía a sí mismo en el resultado final de la película[58].

57. «"Editing" in the cinema, it must be remembered, is not merely cutting out excesses but literally assembling the film (as the French say, it is a *montage*). In classical Hollywood production, it is often the editor who decides on such compositional matters as the order of the shots. Imagine a hypothetical literary parallel: one person writes the sentences, and another prunes and arranges them» (1990: 93).

58. «Music too was often added to studio films independently of the director's control. Bronislau Kaper, the studio composer who wrote the music for *The Red Badge of Courage,* considered himself not merely a collaborator but a kind of therapist: "every picture is sick [...] That is my premise. We must make it well and healthy"» (Chatman 1990: 93).

Decimos que es una película de Huston, pero lo más adecuado sería hablar de autoría implícita, por la colectividad que trabajó en ella y por lo que ya he dicho antes que afecta a cualquier obra de arte: la diseminación de significados no controlados y renovados en cada lectura.

*The Red Badge of Courage* es una película de estudio y, por ello, es ciertamente un caso extremo y paradigmático de la autoría colectiva que hemos de ver en cada filme. En *El Sur,* por ejemplo, el papel jugado por el director de fotografía, José Luis Alcaine, es grande: él, entre otras cosas, determinó la hora y el espacio en el que se filmó la primera secuencia en la que vemos a Estrella en su habitación la noche de la muerte de su padre[59].

El hecho de que *El Sur* concluya con una imagen de Icíar Bollaín, encarnando a Estrella justo antes de emprender el viaje hacia el sur, marca un punto crucial para reflexionar sobre la cuestión de la autoría en el cine. Esa elección final –la de cerrar la película sin mostrar el destino del viaje– no responde únicamente a una decisión creativa del director, sino también a la intervención directa del productor, Elías Querejeta. Por tanto, estamos ante una obra cuya autoría debe entenderse como compartida. La versión del filme que llega al espectador es distinta de la que Erice había concebido originalmente, y ese cambio estructural –el recorte del viaje y su no representación visual– modifica profundamente el

59. Esto dice Alcaine refiriéndose a la luz que hay en el amanecer en la casa familiar: «El amanecer, en una ciudad como Madrid, es muy suave, porque el sol sale sin fuerza. Pero ahí había una montaña y cuando el sol salía detrás del pico, daba un pelotazo muy fuerte de luz. Se lo hice notar a Víctor, pero él creía que no era posible, porque la chica tenía que interpretar y no podía supeditarlo todo a un momento muy concreto. "El problema no es rodar al amanecer, sino reproducirlo", le dije yo. A Víctor le pareció bien y se montó este plano de forma distinta a la prevista» (1989: 252).

sentido del relato. Sea esta versión mejor o peor, lo cierto es que genera un texto distinto, con un horizonte interpretativo propio, condicionado por la ausencia de un espacio que se menciona reiteradamente pero que nunca se muestra: la ciudad de Sevilla.

En lugar de la Sevilla real que Erice quería filmar –bañada en una luz cálida y dorada, con planos abiertos del Guadalquivir–, lo único que vemos son unas antiguas postales coloreadas. Este recurso visual no solo subraya la distancia con respecto al viaje prometido, sino que transforma el Sur en una imagen imaginada, mítica, incluso utópica. Al mismo tiempo, lo convierte en un espectro, una presencia ausente que, aunque evocada una y otra vez, permanece fuera del campo visual. El Sur se convierte, así, en un lugar al que no se llega, una promesa no cumplida, una imagen que solo existe en el recuerdo, en el deseo o en la imaginación.

Esta elección narrativa y visual intensifica la sensación de fantasmagoría que recorre tanto el texto fílmico como el literario en que se basa. El padre, figura central y enigmática, es también un espectro: alguien que habita más el recuerdo y la sombra que la presencia tangible. Todo en *El Sur* parece estar mediado por lo ausente y lo fragmentario. El viaje que Estrella desea emprender se convierte, entonces, no solo en un desplazamiento físico, sino en una búsqueda simbólica del origen, del sentido, de una verdad familiar y personal que nunca se llega a completar. En este sentido, el Sur funciona como metáfora del conocimiento inalcanzable, del pasado irreconstruible, del deseo que no se consuma.

*El Sur,* de Adelaida García Morales, contiene ecos del mito del sur tal como fue construido por los románticos del norte y del centro de Europa. Según esa mirada foránea, España –y especialmente Andalucía– aparece como la encarnación de lo exótico y lo pasional: una tierra de calor, de sensualidad, de gitanos, toreros, celos, bandoleros y todo tipo de excesos imaginados por quienes venían del frío. Sevilla, en este contexto, se convierte en la capital simbólica de esa España meridional estereotipada, deseada y temida a la vez.

Pero el «sur» al que alude Adelaida García Morales no se reduce a esta imagen pintoresca. En su relato, el sur es algo más: es una construcción cultural y emocional más rica, más íntima, más ambigua. Sevilla es la ciudad de Bécquer, de Antonio Machado, de Vicente Aleixandre; Andalucía es el espacio poético y simbólico de Lorca, de Alberti, de la memoria histórica y afectiva de toda una generación.

Más allá del sur español, la palabra misma evoca otros sur(es) literarios y existenciales: los mares de Stevenson, la evasión de Gauguin, el cuento de Borges, el sur de Eliot, Pavese, Salvatore Quasimodo o Melville. Un sur que es frontera y deseo, promesa y pérdida, revelación y fantasma. *El Sur* de García Morales se inserta así en esta constelación de referencias, reelaborando el mito desde una perspectiva íntima, femenina y melancólica[60].

Claro que el texto de García Morales, en cuanto al Sur, como a todo lo concerniente a la vida de Adriana, tiene luces y sombras, ya se ha comentado: la protagonista tiene que salir de un lugar bello y luminoso acuciada por el fantasma de su padre encarnado en su hermano Miguel.

60. Las siguientes palabras de José Luis Alcaine nos hablan de los dos aspectos que estamos comentando de la película, la dualidad norte-sur y el cine como trabajo colectivo y no producto de la voluntad de un único creador: «Luego, según iba viendo el material rodado, Víctor me decía: No es exactamente la foto que yo pensaba, me estás haciendo una fotografía más bressomiana, está muy bien, pero yo pensaba en una fotografía más alegre.

Lo que ocurre es que yo había pensado en un tipo de fotografía dado para el Norte y otro mucho más alegre para la segunda parte. Por eso había hecho una fotografía tan oscura, digamos tan tenebrista, para contrastar con el Sur. Pero, claro, se cortó el rodaje y esta segunda parte jamás llegó a rodarse» (1989: 252-253).

En la película, a diferencia del relato de García Morales, no aparecen ni el hermano, ni la madre, ni el deseo conflictivo de Miguel hacia la protagonista. Todo ese trasfondo dramático y familiar queda fuera del campo visual y narrativo del filme. Las últimas palabras de Estrella –«por fin iba a conocer el Sur»– cierran la película con un tono de promesa abierta, de esperanza, de tránsito hacia lo desconocido. Esas palabras abren simbólicamente una puerta hacia un cambio de rumbo, hacia un espacio idealizado de excelencia, que, al no ser mostrado ni enfrentado con obstáculos, queda sin problematizar.

Así, el Sur resuena en toda su grandeza simbólica mientras la imagen final muestra el rostro de la joven iluminado, mirando al frente, como si se dirigiera hacia una revelación. Pero es una grandeza no vista, construida desde la ausencia, casi espectral: un Sur que no se concreta, que queda fuera del encuadre, más allá de lo representado, y que, precisamente por eso, adquiere una fuerza poética inusitada. Esa dimensión inalcanzable del Sur escapa incluso a la voluntad de quienes hicieron la película, y se impone como un espacio de proyección, de sentido suspendido, de promesa no resuelta.

A un grupo de nombres inolvidables para el cine español debemos esta visión fantasmática del paraíso: Erice, García Morales, Querejeta, Icíar Bollaín, Omero Antonutti, José Luis Alcaine… y las circunstancias. Porque también las ausencias, los cortes, las limitaciones del rodaje y las decisiones no del todo consensuadas forman parte esencial de lo que hoy reconocemos como *El Sur*. Esta película –inacabada y, sin embargo, tan profundamente concluida en su ambigüedad– nos deja una imagen suspendida del deseo: un Sur que no se ve, pero que sigue brillando en la memoria del espectador como un espejismo íntimo, incorporado ya al imaginario del cine español.

# Obras citadas

AGAMBEN, Giorgio. *Estancias. La palabra y el fantasma en la cultura occidental*. Trad. de Tomás Segovia. Pre-Textos, 1995.

ALCAINE, José Luis. «Entrevista». *Directores de fotografía del cine español*, de Francisco Llinás. Filmoteca Española, 1989, pp. 248-269.

ARISTÓTELES. *El hombre de genio y la melancolía. Problema XXX*. Trad. de Cristina Serna. Acantilado, 2007.

AROCENA, Carmen. *Víctor Erice*. Cátedra, 1996.

ARGULLOL, Rafael. *El héroe y el único*. Destinolibro, 1990.

AZORÍN. *Castilla. La ruta de Don Quijote*. Edaf, 1984.

AZORÍN. *La voluntad*. Cátedra, 1997.

BACHELARD, Gaston. *El agua y los sueños: ensayo sobre la imaginación de la materia*. Trad. de Ida Vitale. FCE, 2002.

BACHELARD, Gaston. *La poética del espacio*. Trad. de Ernestina de Champourcin. FCE, 2006.

BAROJA, Pío. *Memorias de un hombre de acción I. Obras completas, vol. III*. Ed. de José Carlos Mainer. Círculo de lectores, 1997.

BARTHES, Roland. «Salir del cine». *Lo obvio y lo obtuso: imágenes, gestos, voces*. Trad. de C. Fernández Medrano. Paidós, 1986, pp. 350-355.

BÉCQUER, Gustavo Adolfo. *Rimas*. Ed. de Rafael Montesinos. Cátedra, 1995.

BERGAMÍN, José. *Poesía I. Sonetos, rimas, del otoño y los mirlos*. Turner, 1983.

BETTELHEIM, Bruno. *Psicoanálisis de los cuentos de hadas*. Trad. de Silvia Furió. Crítica, 1986.

Bieńczyk, Marek. *Melancolía: De los que la dicha perdieron y no la hallarán más*. Trad. de Maila Lema Quintana. Acantilado, 2014.

Birkhäuser-Oeri, Sibylle. *La llave de Oro. Madres y madrastras en los cuentos infantiles*. Trad. de Ruth Zauner. Turner, 2010.

Blair, Robert. *The grave. A Poem*. Methuen, 1903.

Blecua, José María (ed.) *Poesía de la Edad de Oro (Barroco)*. Castalia, 1984.

Bousoño, Carlos. *Teoría de la expresión poética*. Tomo i. Gredos, 1985.

Camacho, Eduardo. *La elegía funeral en la poesía española*. Universidad de los Andes, 2009.

Castrillón, José Luis, e Ignacio Martín Jiménez. *El cine de Víctor Erice*. Caja España, 2000.

Castro, Rosalía de. *Obras Completas*, vol. i. Turner, 1993.

Cernuda, Luis. *La realidad y el deseo*. Introducción de Derek Harris. Obras completas, vol. i. rba-Instituto Cervantes, 2005.

Cerrato, Rafael. *Víctor Erice: el poeta pictórico*. Ediciones JC Clementine, 2006.

Chatman, Seymour. *Coming to Terms. The Rhetoric of Narrative in Fiction and Film*. Cornell University Press, 1990.

Cixous, Hélène. *La risa de la medusa: ensayos sobre la escritura*. Trad. de Ana María Moix. Editorial de la Universidad de Puerto Rico, 1995.

Compitello, Malcolm Alan. «Making *El Sur*.» *Revista Hispánica Moderna*, vol. 46, n.° 1, 1993, pp. 73-86.

Culler, Jonathan. *Sobre la deconstrucción: teoría y crítica después del estructuralismo*. Trad. de Luis Cremades. Cátedra, 1998.

Derrida, Jacques. Entrevistado por Antoine de Baecque y Thierry Jousse. «El cine y sus fantasmas». *Desobra*, n.° 1, 2002, pp. 93-106. Ed. de Antonio Tudela Sancho. Entrevista originalmente publicada en *Cahiers du cinéma*, n.° 556, abril 2001.

Derrida, Jacques. *Specters of Marx: The State of the Debt, the Work of Mourning and the New International*. Trad. de Peggy Kamuf. Routledge Classics, 2006.

Derrida, Jacques. *Posiciones*. Trad. de Manuel Arranz. Pre-Textos, 2014.

Dickens, Charles. *Grandes Esperanzas*. Trad. de María Engracia Pujals. Cátedra, 1997.

Díaz, Epicteto José. «Imágenes de la soledad en *El Sur* y *Bene* de Adelaida García Morales». *Revista de Literatura*, vol. LXX, no. 139, 2008, pp. 223-237.

Eco, Umberto. «Casablanca o el nacimiento de los dioses». *La estrategia de la ilusión*. Trad. por Edgardo Oviedo, Lumen, 1999, pp. 219-221.

Echeverría, Esteban. *Obras completas*. Vol. iii. Mayo, 1871.

Fernández Prieto, Celia. *Metaliteratura y melancolía. Memorias de un hombre de acción de Pío Baroja*. Biblioteca Nueva, 2013.

Ferreres, Rafael. *Verlaine y los modernistas españoles*. Gredos, 1975.

Ficino, Marsilio. *Tres libros sobre la vida*. Trad. de Marciano Villanueva. Asociación Española de Neuropsiquiatría, 2006.

Földényi, László. *Melancolía*. Galaxia Gutenberg, 2008.

Foucault, Michel. *Historia de la sexualidad. La voluntad de saber*. Trad. de Ulises Guiñazú. Vol. i. Siglo xxi, 1992.

Foucault, Michel. *Microfísica del poder*. Ed. y trad. de Julia Varela y Fernando Álvarez-Uría. La Piqueta, 1992.

Freud, Sigmund. *Obras completas*. Volumen iii: *Lo siniestro*. Trad. por L. Ballesteros, Biblioteca Nueva, 1996.

Freud, Sigmund. *Obras completas*. Volumen xviii: *Psicología de las masas y análisis del yo*. Trad. por José L. Etcheverry, Amorrortu Editores, 2000.

Freud, Sigmund. «La aflicción y la melancolía». *El malestar en la cultura*, traducido por Luis López-Ballesteros, Alianza, 2010, pp. 278-295.

Fromm, Erich. *El corazón del hombre*. Trad. de Florentino M. N. Torner. Fondo de Cultura Económica, 2006.

García Lorca, Federico. *La casa de Bernarda Alba*. Ed. de Allen Josephs y Juan Caballero. Cátedra, 1996.

García Lorca, Federico. *Teatro inédito de juventud*. Ed. de Andrés Soria Olmedo. Cátedra, 1994.

García Morales, Adelaida. *El Sur*; seguido de *Bene*. Anagrama, 1985.

García Morales, Adelaida. *La tía Águeda*. Editorial Anagrama, 1995.

Gibson, Ian. *Ligero de equipaje. La vida de Antonio Machado*. Aguilar, 2006.

Gubern, Román. *Espejo de fantasmas*. Espasa Calpe, 1993.

Heidegger, Martin. *Aclaraciones a la poesía de Hölderlin*. Alianza, 2005.

Hesse, Hermann. *Demian*. Trad. de Marco Garibay. Ed. Tomo, 2008.

Hölderlin, Friedrich. *Hiperión o El eremita en Grecia*. Trad. de Jesús Munárriz. Hiperión, 1983.

Hölderlin, Friedrich. *Obra completa en poesía*. Trad. de Federico Gorbea. Ediciones 29, 1995.

Honour, Hugh. *El romanticismo*. Alianza, 1994.

Jaime, Antoine. *Literatura y cine en España, 1975-1995*. Cátedra, 2000.

Jamison, Kay Redfield. *Touched With Fire: Manic-Depressive Illness and the Artistic Temperament*. Simon and Schuster. https://es.scribd.com/read/224271419/Touched-With-Fire. Última consulta el 3-4-2021.

Jung, Carl G. *Arquetipos e inconsciente colectivo*. Trad. de Miguel Murmis. Paidós, 1970.

Jung, Carl G. «Psicología y poesía». *Formaciones de lo inconsciente*. Trad. de Roberto Pope. Paidós, 1992, pp. 9-20.

Jung, Carl Gustav. *El hombre y sus símbolos*. Trad. de Luis Escobar Bareño. Caralt, 1997.

Jung, Carl G. *Obra completa 4. Freud y el psicoanálisis*. Trad. de Ángel Reparaz. Trotta, 2000.

Klibansky, Raymond, Erwin Panofsky, y Fritz Saxl. *Saturno y la melancolía*. Alianza, 1991.

Kristeva, Julia. *Sol negro. Depresión y melancolía*. Trad. de Mariela Sánchez Urdaneta. Monte Ávila Editores Latinoamericana, 1997.

Machado, Antonio. *Campos de Castilla*. Ed. de Geoffrey Ribbans. Cátedra, 1996.

Machado, Antonio. *Obras completas*. Vol. i. Ed. de Oreste Macrì. rba - Instituto Cervantes, 2005.

Marx, Karl. *Introducción general a la crítica de la economía política/1857*. Trad. de José Aricó y Jorge Tula. Siglo xxi, 1968.

Mujica, Francisco. «Paul Ricoeur y los fantasmas del psicoanálisis». *Gaceta de Psiquiatría Universitaria*, vol. 9, n.º 2, 2013, pp. 186-190.

Nietzsche, Friedrich. *La genealogía de la moral*. Trad. de Andrés Sánchez Pascual. Alianza, 1987.

Nietzsche, Friedrich. *Más allá del bien y del mal*. Trad. de Andrés Sánchez Pascual. Alianza, 1986.

Nietzsche, Friedrich. *El nacimiento de la tragedia. El caminante y su sombra. La ciencia jovial*. Introd. de Germán Cano. Gredos, 2014.

Nordström, Folke. *Goya, Saturno y melancolía: consideraciones sobre el arte de Goya*. Trad. de Carmen Santos. Visor, 2013.

Orozco, Olga. *Obra poética*. Corregidor, 1979.

Ortega y Gasset, José. «Meditación del marco». *El espectador*. Selec. y pról. de Gaspar Gómez de la Serna. Salvat, 1969, pp. 89-95.

Panofsky, Erwin. *Estudios sobre iconología*. Alianza, 1982.

Platón. *Diálogos I. Apología, Critón, Eutifrón, Ion, Lisis, Cármides, Hipias menor, Hipias mayor, Laques, Protágoras*. Trad. de García Gual, Calonge Ruiz y Lledó Iñigo. Gredos, 1985.

Platón. *Diálogos III. Fedón, Banquete, Fedro*. Trad. de García Gual, Martínez Hernández y Lledó Iñigo. Gredos, 1986.

Platón. *Obras Completas III. Teetetes*. Trad. de Patricio de Azcárate. 1871. http://filosofia.org/cla/pla/img/azf03145.pdf. Última consulta 10-04-2021.

Radden, Jennifer (ed.). *The Nature of Melancholy*. Oxford University Press, 2000.

Regoyos, D. y Verhaeren, E. *España negra*. Olañeta, 1998.

Ripa, Cesare. *Iconología*. Tomo II. Trad. del italiano de Juan Barja y Yago Barja. Trad. del griego de Rosa María Mariño y Fernando García. Akal, 1987.

Romero, Julio. «La vuelta de la melancolía. La melancolía vuelta». *Arte, Individuo y Sociedad*, vol. 5, 1993, pp. 101-112.

Salas, Horacio (ed.). *Generación poética del sesenta*. Ediciones Culturales Argentinas, 1975.

Salinas, Pedro. «Una metáfora en tres tiempos». *Ensayos completos*, vol. III. Taurus, 1983.

Shklovski, Viktor. «El arte como artificio». *Teoría de la literatura de los formalistas rusos*. Trad. de Ana María Nethol. Edit. Tzvetan Todorov. Siglo XXI, 2007, pp. 55-70.

Schopenhauer, Arthur. *Aforismos sobre el arte de saber vivir. La moral. El arte de tener siempre la razón*. Alamah, 2001.

Schopenhauer, Arthur. *Sobre las visiones de fantasmas*. Trad. de Agustín Izquierdo. Valdemar, 1998.

Sófocles. *Tragedias. Ayax. Antígona. Edipo Rey. Electra. Edipo en Colono*. Trad. de Assela Alamillo. Gredos, 1986.

Vasari, Giorgio. *Las vidas de los más excelentes arquitectos, pintores y escultores italianos desde Cimabue a nuestros tiempos*. Trad. de María Teresa Méndez y Juan María Montijano. Tecnos/ Alianza, 2004.

Wittkower, Rudolf y Margot. *Nacidos bajo el signo de Saturno: genio y temperamento de los artistas desde la antigüedad hasta la revolución francesa*. Trad. de Deborah Dietrick. Cátedra, 2004.

Zorrilla, José de. *Obra completa*. Vol. i. Ed. de Narciso Alonso Cortés. Santarén, 1943.

# Filmes

CURTIZ, Michael, director. *Casablanca*. Actuaciones de Humphrey Bogart, Ingrid Bergman y Paul Henreid, Warner Bros., 1942.

ERICE, Víctor, director. *El espíritu de la colmena*. Actuaciones de Ana Torrent, Isabel Tellería y Fernando Fernán Gómez, producida por Elías Querejeta, 1973.

ERICE, Víctor, director. *El sur*. Actuaciones de Omero Antonutti, Ícíar Bollaín y Lola Cardona, producida por Elías Querejeta, 1983.

MCMULLEN, Ken, director. *Ghost Dance*. Actuaciones de Pascale Ogier y Jacques Derrida. British Film Institute, 1983.

RENOIR, Jean, director. *El río*. Actuaciones de Nora Swinburne y Esmond Knight, Theater Guild y Oriental International Film, 1951.